Eva Schneider

Kreativ im Garten

40 Projekte von der Hängematte bis zum Hochbeet

EMF

Ein Buch der
Edition Michael Fischer

Für alle,
die ihren
Garten und
DIY-Projekte
lieben!

INHALT

Vorwort 6

DIY-Basics
Material & Grundtechniken 10
Werkzeugbox 14

CHILL-OUT

Sitzen bleiben
Loungekissen 22
Sitzpolster 24

Pimp my chair
Schaukelstuhl 26

Alles Paletti
Outdoor-Sofa 30
Auflage für das Sofa 32

Ganz nebenbei
Beistelltisch 34
Servierbrett 34
Zitronen-Ingwer-Limo 36

Auszeit nehmen
Hängematte 38

Die kleine Bank
Gartenbank 42

GARTEN-SPA

Aqua Planing
Outdoor-Dusche 48
Lattenrost 50
Süßes Body-Peeling 50

Wechselzone
Umkleidekabine 52
Bedrucktes Gartenschild 54

Hängen bleiben
Handtuchhalter 56

Zeichen setzen
Sichtschutz-Leporello 60

Völlig relaxed
Deckchair 64
Auflage für den Deckchair 66

Kistenweise Ordnung
Utensilo 68
Frankys grüner Smoothie 70

Sommer im Freibad
Vogelbad 72
Blätter abdrucken 74

WORKING-ZONE

Werkbank im Grünen
Pflanztisch 78
Utensilowand 82
Handwaschpaste 82
Ordnung am Pflanztisch 84
Blumentöpfe verschönern 84

Hausordnung
Werkzeughalter 86
Gummistiefel-Stammplatz 88

Unfassbar gut
Regentonne 90
Regentonne bepflanzen 92
Richtig gießen 92

Kräuterbar
Hochbeet 94
Ab ins Kräuterbeet 96
Minze-Limetten-Pesto 98

Sozialer Wohnungsbau
Insektenhotel 100
Die Hotelgäste 102

Neue Heimat
Vogelhaus 104

FEIER-ABEND

Cool verhüllt
Husse für Biertischgarnitur 110

Tafelfreuden
Holztisch 114
Bank bauen 116

Sammelstelle
Hocker 118

Gut gekühlt
Getränkekühler 122
Melonenfass-Kühler 124

Heiße Sache
Feuerschale 126
Stockbrot mit Parmesan 128

Stern des Südens
Windlichter 130
Beet-Windlicht-Stecker 132

Garten-Flimmern
Outdoor-Lampe 134
Süßes Popcorn 136

Lampionfest
Lichterkette 138
Leucht-Luftballons 140

Autorin/Danksagung 142

I ♥ MY GARDEN

Ganz besonders im Sommer, wenn die Sonne scheint und es uns magisch in den Garten zieht. Jetzt erweitern wir unseren Wohnraum ganz einfach um eine traumhafte Außenstelle. Viele DIY-Projekte begleiten uns in den Garten – so lässt sich dort wunderbar relaxen. Dank Outdoor-Sofa, Schaukelstuhl oder Hängematte mit einem Beistelltisch und Windlichtern wird die grüne Oase zum schönsten (und vermutlich auch begehrtesten) Ort auf der ganzen Gartenwelt. **Chill-Out**!

Die Temperaturen steigen. Wie wär's mit einer Abkühlung? Vor neugierigen Blicken geschützt ein **Garten-Spa** mit selbst gebauter Sonnenliege und Gartendusche eröffnen, bei dieser Hitze noch ein Freibad für die Vögel aufstellen, die Füße ins weiche Gras strecken... das Gartenleben ist perfekt!

In diesem Buch gibt es für unsere Gärtnerleidenschaft natürlich auch einen eigenen Bereich: eine **Working-Zone**. Auf der Garten-to-do-Liste stehen eine Werkbank im Grünen, ein Kräuterhochbeet und auch die Regentonne soll vorzeigbar und schöner werden. Dank sozialer Projekte wie Haus- und Hotelbau für Vögel und Insekten kommen selbst unsere tierischen Freunde und Nachbarn nicht zu kurz.

Nach so viel Arbeitseinsatz zeigt der Daumen, gemeint ist natürlich der grüne, nach oben für unseren **Feier-Abend**. Jetzt ist die beste Zeit, um Freunde einzuladen. Einfach die olle Bierbank unter einer Husse verstecken, die Getränke kühlen und den Bauholztisch an den Grill rollen. Noch mehr romantische Gefühle kommen auf, wenn in der Feuerschale die Flammen knistern und wir den Garten mit kreativen Projekten genießen können. Kein Wunder, dass beim Blick ins Feuer ständig neue DIY-Ideen aufleuchten und wir uns so richtig glücklich basteln können.

Nun wünsche ich viel Freude mit diesem Buch und paradiesische Zeiten im Garten!

EVA

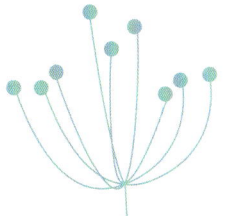

DIY-BASICS

für Ihre Produkte aus Holz, Stoff und Beton. Dazu ein Blick in die Werkzeugbox, denn mit diesen Helfern geht's leichter.

MATERIAL & GRUNDTECHNIKEN

Einen Holztisch bauen, eine Hängematte nähen und Applikationen aufbringen oder einen Weinkühler aus Beton herstellen – hier finden Sie alle wichtigen Informationen und das Basiswissen für die Umsetzung Ihrer Projekte.

ARBEITEN MIT HOLZ

Sägen – Alle Projekte in diesem Buch können Sie mit einer Stichsäge zusägen, oder Sie lassen sich das Holz im Baumarkt oder beim Schreiner auf die gewünschten Maße zusägen.

Schleifen Sie die Holzuntergründe an. Dazu verwenden Sie am besten Schleifpapier mit 80er-Körnung und arbeiten dann mit feinerem Schleifpapier nach.

Streichen – Bevor Sie damit beginnen, sollten die Untergründe trocken, schmutz-, staub- und fettfrei sein. Um Holz aufzuarbeiten, kann es entweder mit Acryl- oder Lackfarbe oder mit einer Holzlasur gestrichen werden. Beim Lackieren wird das Holz vollständig überdeckt. Beim Lasieren und Beizen bleibt die natürliche Maserung des Holzes erhalten. Die Pinsel nach dem Streichen sofort reinigen; dazu diese auf einem Lappen oder Papiertuch ausstreichen und so viel Farbe wie möglich entfernen.

Nageln ist die einfachste Art, Teile und Werkstücke miteinander zu verbinden. Bei der rechtwinkligen Verbindung zweier Bretter sollen ein Drittel des Nagels in das obere, zwei Drittel in das untere Brett stehen. Den Hammer am äußersten Stiel anfassen und beim Hämmern unbedingt auf den Nagelkopf schauen. Normalerweise werden Nägel senkrecht eingeschlagen; eine schräge Nagelung hält jedoch besser. Beim Nagelziehen am besten ein Brett unterlegen, so lassen sich Vertiefungen und Kratzer am Werkstück vermeiden.

Verleimen – Wird noch Holzleim hinzugegeben, entstehen besonders dauerhafte Verbindungen. Für alle Projekte im Buch wurde wasserfester Leim verwendet. Die Presszeit im Vergleich zum Expressleim ist nur unwesentlich länger. Tragen Sie den Leim einseitig auf, außer bei Spanplatten. Den überschüssigen Leim sofort mit einem feuchten Lappen wegwischen und anschließend die verleimten Werkstücke fixieren.

Schrauben immer mit einem Schraubendreher oder Akkuschrauber eindrehen. Am besten die Löcher vorbohren, darunter versteht man das Bohren eines Lochs im Werkstück, welches einen geringeren Durchmesser als die Schraube hat. Wählen Sie dazu einen Holzbohrer aus, der etwa zwei Drittel so dick ist wie die Schraube. Durch das Vorbohren schafft man für die Schraube Platz im Material und verhindert so ein Aufplatzen des Werkstücks. Sie können für Holzbauteile auch Spanplattenschrauben verwenden. Die scharfe Spitze mit Gewindeansatz greift sofort ins Holz. Das hat den Vorteil, dass Sie die Spanplattenschrauben (Spaxschrauben) ohne Vorbohren direkt ins Holz eindrehen können. Bei sehr harten Hölzern ist ein Vorbohren jedoch immer zu empfehlen.

ARBEITEN MIT BETON

Beton besteht grundsätzlich aus Wasser, Gesteinskörnung (z. B. Sand) und Zement, der als Bindemittel dient. Je feiner der Sand, umso feiner wird auch später die Beton-Oberfläche. Es gibt auch Fertigmischungen im Baumarkt zu kaufen. Bei Zementmörtel ist bereits Sand beigemischt, bei Estrichbeton ist die Gesteinskörnung sehr grob; es sind kleine Kieselsteine enthalten. Leider gibt es bei den Anmischanleitungen keine genauen Mengenangaben. Experimentieren ist angesagt! Ein altes Gurkenglas oder Ähnliches reicht fürs grobe Abmessen der Zutaten.

Bevor Sie loslegen, den Arbeitsbereich mit Plastikfolie oder einem Müllsack schützen. Auch sollten Sie Arbeitshandschuhe und eine Schutzbrille tragen. Die Gussformen vorbereiten und dort, wo sie mit Beton in Berührung kommen, unbedingt mit Speiseöl einfetten. Kunststoff eignet sich perfekt als Gussform. So sind PET-Trinkflaschen, Plastikteller und -schüsseln, Blumentöpfe oder Silikonförmchen praktische und preiswerte Schalungsformen.

Vermischen Sie in einem Plastikeimer Zement und Sand, dann fügen Sie mit einer Gießkanne langsam Wasser hinzu und verrühren das Ganze mit einer Kelle, bis eine homogene Masse entstanden ist. Der Beton muss sofort verarbeitet und in die vorbereiteten Formen gefüllt werden. Sobald der Beton in die Form gegossen ist, schütteln Sie diese leicht oder klopfen der Form auf den Untergrund, damit mögliche Luftblasen entweichen können. Die befüllte Form kühl und trocken stellen; Sie sollten den Beton außerdem nicht direktem Sonnenlicht aussetzen.

Jetzt ist Geduld angesagt; so richtig trocken ist Beton erst nach fünf bis sieben Tagen. Zum Ausschalen schneiden Sie die Formen mit einem Cutter auf. Roher Beton lässt sich auch gut mit Wand- oder Acrylfarben bemalen; jedoch sollten Sie vorher Ihr Betonobjekt gründlich entstauben. Um die Oberfläche zu versiegeln, können Sie auch Silikon-Fassaden-Imprägnierung mit einem Lappen auftragen.

NÄHEN

Nähen mit der Nähmaschine – Falls Sie schon länger nicht mehr genäht haben, finden Sie im Internet viele kostenpflichtige sowie kostenlose Tutorials zu diesem Thema (z. B. von Makerist, DaWanda etc.).

Nähen mit der Hand – Öffnungen lassen sich mit einigen Handstichen schließen. Arbeiten Sie von rechts nach links und von der rechten Stoffseite aus. Sichern Sie das Nahtende immer mit einigen Rückstichen.

APPLIZIEREN

Applikationen sind aus Stoff ausgeschnittene und aufgenähte Motive. Ganz einfach geht es mit Vliesofix®. Das ist ein Haftvlies, das beidseitig mit einer Beschichtung überzogen ist, die bei Hitzeeinwirkung schmilzt. Die Beschichtung ist auf einer Seite mit einem Trägerpapier, ähnlich wie Backpapier, versehen. Dort können die Motive aufgezeichnet werden. Denken Sie daran, die Motive immer spiegelverkehrt anzulegen, damit sie nach dem Aufbügeln richtig herum erscheinen.

Übertragen Sie Ihre Motive mit Bleistift auf das Trägerpapier und schneiden Sie diese großzügig aus. Danach die Motive auf den gewünschten Applikationsstoff auflegen, dabei zeigt das Papier nach oben. Die Motive

ohne Dampf mit dem Bügeleisen festbügeln. Dann schneiden Sie die Motive entlang der Kontur aus und ziehen anschließend das Trägerpapier ab. Die Motive auf den gewünschten Stoffuntergrund legen; die beschichtete Vliesofix®-Seite zeigt dabei nach unten. Bügeln Sie die Motive ohne Dampf fest. Jetzt sind die Motive fixiert und können nicht verrutschen. Zum Abschluss nähen Sie mit der Nähmaschine die Applikationen mit enggestellten Zickzackstichen fest wie auf Seite 60 die Applikation am Sichtschutz-Leporello.

SCHABLONIERTECHNIK

Glatte Untergründe eignen sich am besten für diese Technik. Die Schablonen können Sie aus verschiedenen Materialien herstellen, beispielsweise aus d-c-fix-Folie® und Bucheinbandfolie; beide sind einseitig klebend. Schablonen aus Papier und Pappe fixieren Sie mit Malerkreppband, Klebstreifen oder einem Haftspray. Drücken Sie die Ränder nochmals fest an, damit keine Farbe unter die Schablone laufen kann. Nehmen Sie ein wenig Farbe mit einem Stupfpinsel auf und betupfen Sie die Schablone. Mit Acryllackspray lässt sich die Schablone einfach besprühen. Einen Verlauf erhalten Sie, wenn Sie den Abstand variieren, wie z. B. an der Regentonne von Seite 90.

SERVIETTENTECHNIK

Mit dieser Technik lassen sich Oberflächen ganz schnell schön gestalten. Von den Servietten wird nur die oberste bedruckte Lage verwendet. Lösen Sie die Lage vorsichtig ab und schneiden Sie gegebenenfalls die Wunschmotive mit einer Papierschere aus. Mit einem speziellen Klebstoff (Serviettenkleber) bereiten Sie den Untergrund vor. Lassen Sie den Kleber leicht antrocknen und platzieren Sie dann das Serviettenmotiv. Nehmen Sie ein wenig Kleber mit einem Pinsel auf und bestreichen Sie das Motiv. Am besten arbeiten Sie von der Serviettenmitte nach außen, so können Sie Falten vermeiden. Am schönsten sieht Ihr Ergebnis aus, wenn der Untergrund möglichst hell ist, wie bei den Lampions auf Seite 138.

FOTO-TRANSFER-MEDIUM

Es macht so vieles möglich. Ich liebe es! Drucken Sie die Vorlage spiegelverkehrt in der gewünschten Größe am Laserdrucker oder im Copyshop aus. Farb- und Schwarzweiß-Kopien lassen sich mit dieser Technik auf Papier, Holz, Pappe und Stoff übertragen. Die Oberfläche des bedruckbaren Untergrunds sollte glatt sowie staub- und fettfrei sein.

Mit einem Pinsel tragen Sie das Foto-Transfer-Medium dick auf den Untergrund auf und streichen auch die bedruckte Kopienseite ein. Platzieren Sie das bestrichene Motiv auf Ihrem Untergrund und drücken Sie es fest an. Streichen Sie das Papier anschließend glatt. Blasen lassen sich am besten von der Mitte zum Rand hin ausstreichen. Alles gut trocknen lassen, dazu mindestens eineinhalb Stunden warten.

Mit einem Schwamm feuchten Sie das Papier an und beginnen, kleine Partien abzurubbeln, bis das übertragene Motiv erscheint. Fließende Übergänge erhalten Sie, wenn Sie den Druck auf das Motiv erhöhen und mit dem Schwamm einige Farbpartikel wieder wegwischen. Das Motiv noch versiegeln; dazu streichen Sie wieder etwas Foto-Transfer-Medium auf.

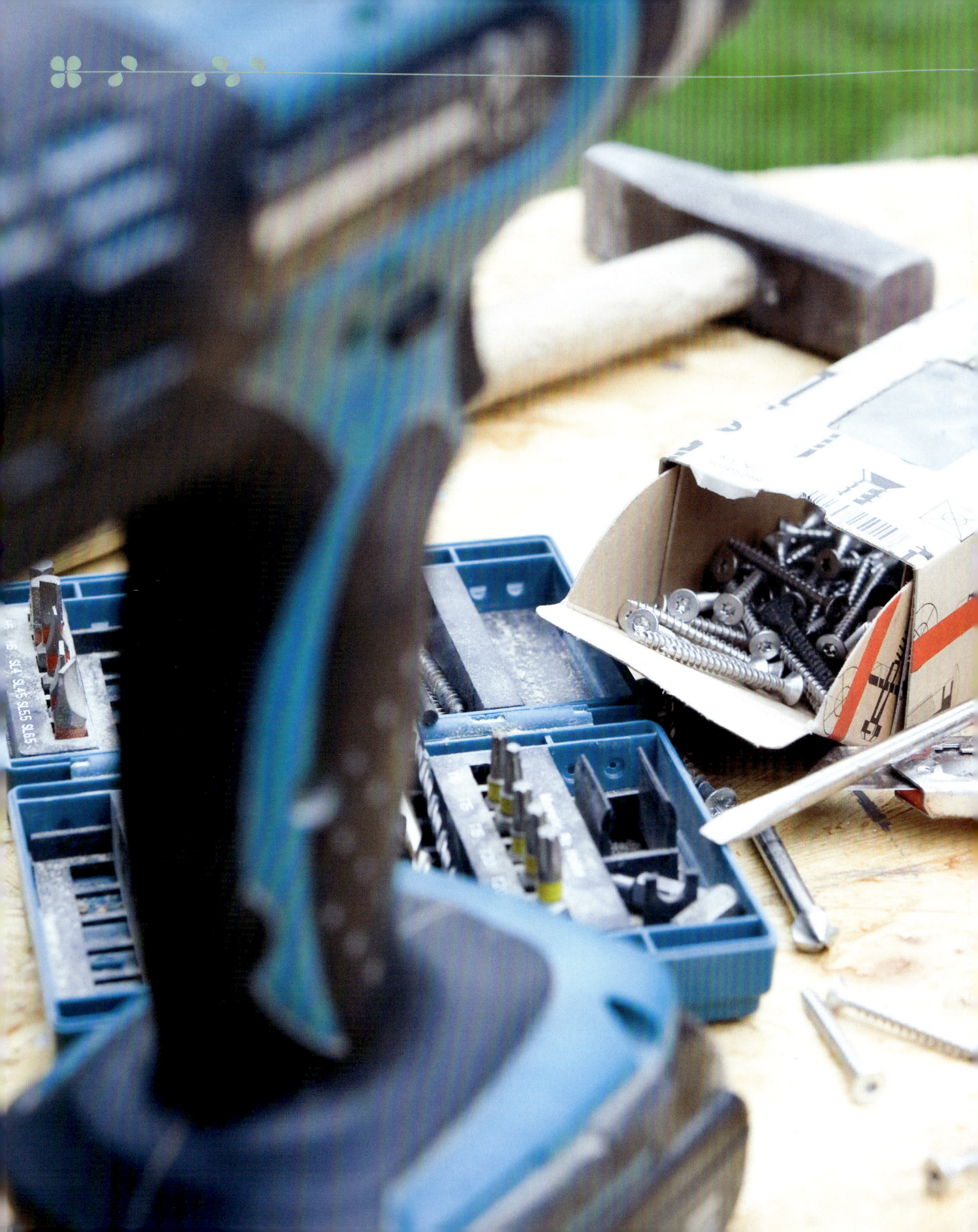

WERKZEUGBOX

Für die erfolgreiche Umsetzung Ihrer Projekte ist das richtige Werkzeug entscheidend. Hier finden Sie alle wichtigen Infos zu den im Buch verwendeten Werkzeugen. Denn eins ist klar, auf diese Helfer wollen Sie ganz sicher nicht verzichten.

Akkuschrauber
Nie mehr ohne meinen Akkuschrauber! Schrauben lassen sich damit leicht rein- oder rausdrehen. Für die verschiedenen Schraubenköpfe gibt es die passenden Aufsätze. Eine Anschaffung, die sich auf jeden Fall lohnt.

Bohrmaschine, Bohreinsätze
Die Bohrmaschine ist das Herzstück jeder Werkzeugbox. Mit einer Bohrmaschine lassen sich schnell und ohne Kraftanstrengung Löcher bohren. Als Bohreinsätze sind Spiralbohrer zu empfehlen. Es gibt sie für verschiedene Einsatzgebiete, wie Beton, Metall, Holz etc. Der Forstnerbohrer ist ein sehr dicker Bohrer. Die Lochsäge ist ein Spiralbohrer mit einem Bohrgewinde. Beide Werkzeuge sind in unterschiedlichen Durchmessern im Baumarkt erhältlich.

Einspannvorrichtungen
Mit dem Schraubstock werden kleine Werkstücke eingespannt und mit Schraubzwingen fixiert.

Farben, Holzlasuren, Holzöle
Acrylfarbe lässt sich gut streichen und trocknet schnell. Sie kann auf jedem fettfreien Malgrund verwendet werden. Ein Spray ist für unebene Oberflächen zu empfehlen. Spezielle Holzlasuren für den Außenbereich bieten einen Intensivschutz bei Nässe. Holzöl pflegt, versiegelt und schützt das Holz. Mithilfe von Holzbeizen wird rohes Holz gefärbt. Die Naturfarbe der Hölzer wird um kleine oder größere Nuancen dunkler, kräftiger, ausdrucksvoller oder sogar richtig bunt.

Hammer, Nägel und Zange
Zum Zusammennageln brauchen Sie einen Hammer. Das Nagelsortiment unterscheidet sich durch Material, Länge, Stärke und Kopfform. Krumm geschlagene Nägel ziehen Sie mit einer Kneifzange aus dem Holz.

Klebstoffe
Mit Holzleim lassen sich alle Holzarten verleimen. Papier, Karton, Leder, Filz und andere dekorative Elemente werden mit Alleskleber zusammengeklebt. Sekundenkleber klebt blitzschnell, Fixogum® ist ein elastischer Montagekleber zum wiederablösbaren Verkleben von Papier, Pappe oder Folie. Die verklebten Teile wellen sich nicht. Mein Lieblingskleber!

Maurerkelle
Im Buch wird sie zum Anrühren von Beton verwendet oder auch mal zweckentfremdet als Werkzeugaufhängung auf Seite 87.

Messwerkzeuge
Maßband, Zollstock, Lineal und ein Geo-Dreieck gehören unbedingt in Ihre Werkzeugbox. Zeichnen Sie Kreise mit einem Zirkel auf. Lineal und Winkel sollten idealerweise aus Stahl bestehen.

Nähmaschine
Im Buch wird sie zum Nähen von Baumwollteppichen benutzt. Einen Baumwollteppich zu nähen ist nicht schwieriger, als Stoff zu nähen, allerdings brauchen Sie eine Nähnadel, die für robuste Stoffe geeignet ist.

Nadeln und Faden
Nähnadeln gibt's in verschiedenen Größen und Stärken. Mit Glaskopfstecknadeln lassen sich Stofflagen feststecken. Es gibt sie in verschiedenen Längen. Als Nähgarn wurde im Buch klassischer Allesnäher sowie für die Hängematte Nähgarn extra stark verwendet.

Pinsel, Lackrolle
Zum Lasieren größerer Flächen eignet sich ein Universalpinsel von 3–5 cm Breite aus Synthetikfasern. Zum Ausarbeiten von kleineren Details wählen Sie entsprechende Rundpinsel. Große Flächen lassen sich mit einer Lackrolle zügig streichen.

Sägen
Je nachdem, ob das Sägeblatt mit der Hand oder mit Maschinenkraft bewegt wird, unterscheidet man zwischen Handsägen und Maschinensägen. Die Handsäge gibt es grundsätzlich in zwei verschiedenen Varianten mit gespannten und mit ungespannten Sägeblättern. Im Buch wurden viele Holzteile mit der Stichsäge gesägt. Sie können damit Massivholz und größere Sperrholzteile bis zu einer Stärke von 50 mm sägen.

Schleifpapier, Schleifmaschine
Um die Kanten der Werkstücke zu glätten, verwenden Sie Schleifpapier, das es in unterschiedlicher Körnung, von grob bis fein, gibt. Ein Exzenter ist eine Schleifmaschine mit Rotationsbewegungen. Die Bedienung ist einfach und die Flächen sind ruckzuck abgeschliffen.

Schneidewerkzeug
Für Papier und Karton eignet sich eine große Schere, für feine Schneidearbeiten eine Silhouettenschere. Mit einer Stoffschere schneidet man Stoff, Filz und Stoffbänder, jedoch auf keinen Fall andere Materialien, da sie sonst schnell stumpf wird. Verwenden Sie für Zweige und Blumen eine Gartenschere. Mit einem Cutter lassen sich feste Kartons schneiden. Es gibt Modelle mit auswechselbaren Klingen oder mit solchen, die dank ihrer Sollbruchstellen lange scharf bleiben.

> **TIPP**
> Bei der Neuanschaffung von Werkzeug lieber etwas mehr Geld für qualitativ hochwertige Produkte ausgeben, das spart später beim Werken Zeit und Energie.

Schrauben, Schraubendreher
Verzinkte Schrauben benötigen Sie für die Befestigung einzelner Teile. Für den Outdoor-Bereich sind Edelstahlschrauben super, da sie nicht rosten. Zum Verbinden zweier Bretter im rechten Winkel können Spaxschrauben verwendet werden. Mit einem Schraubendreher lassen sich Schrauben leicht rein- und rausdrehen.

Stifte
Mit Bleistift lassen sich Schablonen übertragen, Entwürfe zeichnen und Vorlagen durchpausen. Permanentmarker schreiben deckend und bleiben abriebfest haften. Mit Lackstiften können Sie unterschiedliche Materialien beschriften. Für die Arbeit mit Stoff verwenden Sie am besten Schneiderkreide.

Zum Schutz
In Ihre Werkzeugbox gehören unbedingt eine Schutzbrille sowie Arbeits- und Gummihandschuhe. Die Arbeitshandschuhe schützen die Hände beim Arbeiten mit rauhem Holz und beim Betonieren.

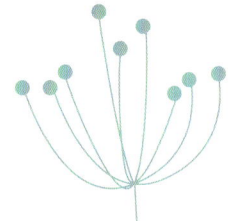

CHILL-OUT

Endlich Sommer! Zeit, um gemütlich im Schatten auf einem Palettensofa zu dösen oder in einer Hängematte zwischen Bäumen zu schaukeln.

SITZEN BLEIBEN

Auf diese **Loungekissen** stehen wir, auch wenn wir am liebsten darauf sitzen. Sie lassen uns von Marokko träumen und verwandeln jeden Garten in eine Wohlfühl-Oase. Außen sind die Kissen durch Baumwollteppiche robust, innen haben sie einen weichen Kern aus Schaumstoff-Flocken.

Material

FÜR DAS LOUNGEKISSEN:
- 2 Baumwollteppiche mit Fransen (z. B. von Ikea, hier 85 x 55 cm)
- Bügeleisen
- lange Stecknadeln
- Nähgarn extra stark
- Füllmaterial, z. B. Schaumstoff-Flocken oder einige Inlettkissen
- Nähnadel

FÜR DAS SITZPOLSTER:
- Schaumstoff-Zuschnitt
- Baumwollteppiche
- Maßband
- Bleistift/Schneiderkreide
- Schere
- Stecknadeln
- Nähgarn extra stark
- entsprechend langer Reißverschluss

SO WIRD'S GEMACHT:

1. Die Baumwollteppiche ausbreiten und mit einem feuchten Tuch dämpfen. Die Fransen ordnen.

2. Die Teppiche rechts auf rechts legen und mit Stecknadeln fixieren. Durch die Teppiche lassen sich am besten extra lange Stecknadeln stecken. Anschließend die langen Seitenteile mit einer Nahtzugabe von 1 cm zusammennähen. Den Kissenbezug auf die rechte Seite wenden.

3. Nun am Kissenbezug die Querseiten mit Stecknadeln fixieren, dabei sollten die Saumkanten genau aufeinanderpassen und alle Fransen außen liegen. Eine Querseite mit 1 cm Abstand zur Fransenborte zusammennähen. An der zweiten Querseite nur so weit nähen, dass eine ausreichend große Öffnung bleibt, um die Schaumstoff-Flocken später einzufüllen. Das Kissen mit Schaumstoff-Flocken befüllen oder mit einigen kleinen Inlettkissen ausstopfen, bis es den gewünschten Härtegrad hat. Die Öffnung mit Handstichen schließen.

TIPP

Sitzkissen können Sie mit Federn, Daunen und Schaumstoff-Flocken oder für eine größere Kompaktheit mit einem Schaumstoff-Block füllen. Zusätzlich lassen sich die Kissen mit Paspeln, Kordeln oder einer Fransenborte verzieren.

ALTERNATIVE: SITZPOLSTER

1. Zuerst den Stoffbedarf ermitteln; dazu die Länge, Breite und Höhe des Schaumstoff-Blocks ausmessen. Die Baumwollteppiche auslegen und die Maße übertragen, zuzüglich einer Nahtzugabe von 1 cm an allen Teilen ringsum. Das Ober- und Unterteil jeweils einmal und die Seitenteile jeweils zweimal zuschneiden.

2. Alle Zuschnittkanten mit Zickzackstichen umsäumen. Die Seitenteile rechts auf rechts legen, feststecken und an den kurzen Seiten mit 1 cm Nahtzugabe zusammennähen. Anschließend das Oberteil an die Seitenteile nähen. Dann an einer Längsseite eines Seitenteils das Unterteil festnähen. Es ergibt sich eine Hülle mit einem klappbaren Deckel.

3. Nun einen entsprechend langen Reißverschluss zwischen die übrigen offenen Kanten nähen, damit der Überzug später abgenommen und gewaschen werden kann.

4. Zum Schluss den Schaumstoff-Block hineinlegen und den Reißverschluss schließen.

PIMP MY CHAIR

Den Stuhl haben Sie bereits, mit zwei Kufen am Untergestell wird ein **Schaukelstuhl** daraus.
So lässt sich der Abend entspannt verbringen. Vielleicht nur mal kurz aufstehen und das Plaid holen, ganz nach dem Motto: „Keep calm and hug trees"…

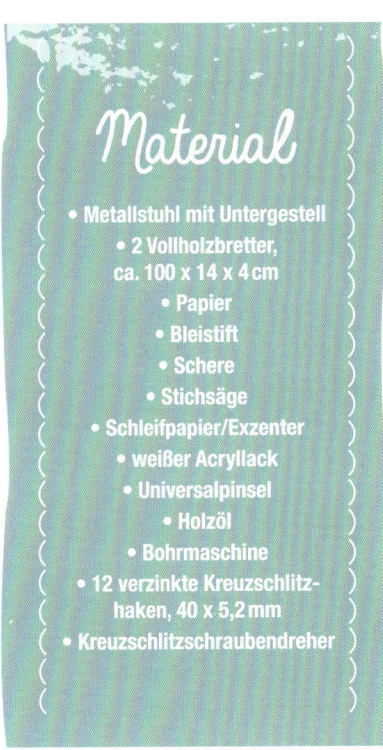

Material

- Metallstuhl mit Untergestell
- 2 Vollholzbretter, ca. 100 x 14 x 4 cm
- Papier
- Bleistift
- Schere
- Stichsäge
- Schleifpapier/Exzenter
- weißer Acryllack
- Universalpinsel
- Holzöl
- Bohrmaschine
- 12 verzinkte Kreuzschlitzhaken, 40 x 5,2 mm
- Kreuzschlitzschraubendreher

SO WIRD'S GEMACHT:

1. Für die beiden Kufen eine passende Vorlage anfertigen oder die Schablone von Seite 28 auf das entsprechende Maß vergrößern und ausschneiden. Die Kufen-Schablone auf beide Bretter auflegen und mit Bleistift die Kontur übertragen.

2. Die Kufen mit einer Stichsäge aussägen und ringsum mit Schleifpapier glätten. Schneller geht es mit einem Schleifgerät (Exzenter).

3. Die Vorder- und Rückseite der Kufen mit weißem Acryllack streichen und trocknen lassen, alle anderen Holzflächen zweimal mit Holzöl einpinseln.

4. Nachdem die Anstriche komplett getrocknet sind, die Kufen stuhlbreit auf den Boden stellen. Dann den Stuhl auf die Kufen stellen und die Position des Untergestells markieren.

CHILL-OUT ✻ 27

5. Auf jeder Kufe an drei Stellen die Bohrlöcher anzeichnen. Dazu am Anfang, in der Mitte und am Ende des Untergestells jeweils links und rechts davon ein Bohrloch markieren. Die Bohrlöcher sind versetzt und soweit voneinander entfernt, dass sich die Kreuzschlitzhaken beim Eindrehen nicht behindern.

6. An jeder Kufe die Kreuzschlitzhaken eindrehen und darauf achten, dass das Untergestell absolut fest fixiert ist, dabei sollten die Haken direkt am Metall anliegen. Jetzt ausprobieren, ob die Kufen beim Schaukeln gerade bleiben, sonst können die Kufen noch stabilisiert werden.

Um die Kufen zusätzlich zu stabilisieren, ermitteln Sie den Kufenabstand und sägen ein Buchenrundholz auf die entsprechende Länge (Kufenabstand plus zweimal Kufenbreite) zu. Bohren Sie durch beide Kufenlängsseiten parallel und mittig ein entsprechend großes Loch (ø Rundholz). Das Rundholz durchstecken und verleimen. Jetzt das sanfte Schaukeln genießen!

TIPP

Damit durch das Schaukeln der Terrassenboden keine Kratzer abbekommt, fixieren Sie an beiden Kufenunterseiten einfach etwas Leinen-Klebeband.

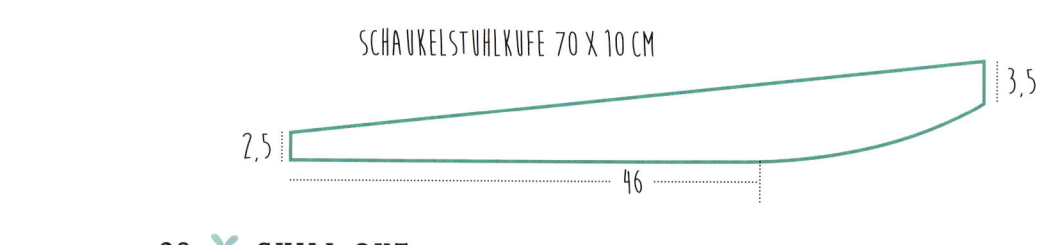

SCHAUKELSTUHLKUFE 70 X 10 CM

ALLES PALETTI

Für dieses **Outdoor-Sofa** brauchen Sie eine Europalette, Bauholz, etwas Farbe und unbedingt vier Lenkrollen. Falls es dann doch mal regnen sollte, können Sie das Sofa leicht ins Trockene rollen. Die Rückenlehne und eine weiche Schaumstoff-Auflage machen das Palettensofa gemütlich!

Material

FÜR DAS SOFA:
- 1 Europalette
- Exzenter/Schleifpapier
- 4 Kanthölzer, 85 x 4,5 x 2,8 cm
- 2 Holzbretter, 58 x 12 cm, 2 cm stark
- 2 Holzbretter, 58 x 15 cm, 2 cm stark
- 1 Kantholz, 60 x 4,5 x 2,8 cm
- Bleistift
- Metermaß
- Bohrmaschine
- 37 Schrauben, 3,5 x 35 mm
- Schraubendreher
- Wandfarbe
- Lackrolle und -pinsel
- 4 Lenkrollen mit Schrauben

FÜR DIE AUFLAGE:
- Maßband
- Schere/Cutter
- Schaumstoff-Block
- Baumwollstoff
- Stoffschere
- Stecknadeln
- Nähgarn Allesnäher
- Nähnadel

SO WIRD'S GEMACHT:

1. Die Palette gründlich saubermachen. Mit einem Exzenter und Schleifpapier (80er-Körnung) zuerst einmal alle Flächen abschleifen. Das ist wichtig, denn sonst könnte man sich am ungehobelten Holz durch Splitter oder Schiefer verletzen. Am Ende mit feinem Schleifpapier (120er-Körnung) alle Flächen noch einmal glätten.

2. Für das Rückenteil die Kanthölzer (85 cm lang) durch die Lücken an der Palette stecken und die Abstände zueinander notieren. Anschließend die Kanthölzer parallel und im entsprechenden Abstand auf den Boden legen. An den Kanthölzern von unten 25 cm abmessen und markieren. An der Markierung ein schmales Holzbrett quer auflegen und abschließen lassen. Die anderen Holzbretter im gewünschten Abstand zueinander auflegen, dabei sollte ein breites Holzbrett oben bündig abschließen. Alle Bretter mit jeweils zwei Schrauben an den Kanthölzern fixieren. Damit das Rückenteil später die Position behält, an der Palettenunterseite ein Kantholz festschrauben. Dazu vom oberen Palettenrand 20 cm abmessen und anzeichnen. Das Kantholz (60 cm lang) auflegen und mit den Palettenbrettern verschrauben.

3. Das Rückenteil und die Palette mit Wandfarbe streichen; dazu eine Lackrolle verwenden. Für alle schwer zugänglichen Ecken mit einem Lackpinsel nachbessern. Den Anstrich gut trocknen lassen.

4. Die Palette umdrehen und auf die Bodenplatte an allen vier Ecken je eine Rolle auflegen. Mit Bleistift die Bohrlöcher markieren und die Löcher vorbohren. Anschließend die Lenkrollen an der Palette befestigen. Die Palette umdrehen und das Rückenteil einstecken. Das Outdoor-Sofa ist bereit!

TIPP

Damit die Schaumstoff-Auflage nicht verrutscht, fixieren Sie die Auflage am besten mit einigen Spanngurten. Besonders schön sieht es aus, wenn Sie dafür verschiedene Farben verwenden.

AUFLAGE FÜR DAS OUTDOOR-SOFA

1. Die Liegefläche mit einem Maßband ausmessen. Den Schaumstoff auf die gewünschte Größe zuschneiden. Für den Stoffbezug das Maß des Schaumstoffs verwenden und an allen Seiten 1 cm für die Nahtzugabe zuzüglich die halbe Polsterhöhe dazurechnen. Zweimal den Stoff auf die gewünschte Größe zuschneiden und alle Kanten mit Zickzackstichen einfassen.

2. Die Zuschnitte rechts auf rechts legen, mit Stecknadeln fixieren und zusammennähen. Dazu eine Querseite und zwei Längsseiten mit 1 cm Abstand zu den Kanten absteppen. An der zweiten Querseite nur so weit nähen, dass eine ausreichend große Öffnung bleibt, um den Schaumstoff später einzulegen. Die Nahtzugaben an allen Ecken schräg zurückschneiden.

3. Die Polsterauflage wenden und bügeln. Den Bezug über den Schaumstoff schieben und die Öffnung mit Handstichen schließen. An jeder Seite die spitzen Ecken nach innen schlagen.

GANZ NEBENBEI

…besteht dieser **Beistelltisch** aus zwei separaten Elementen.
Mit dem **Tablett** lassen sich Gläser und Getränke bequem
in den Garten transportieren und auf dem Untergestell parken.
Wenn Sie den Tisch nicht mehr brauchen, einfach
zusammenklappen und mit dem Tablett in die Ecke stellen.

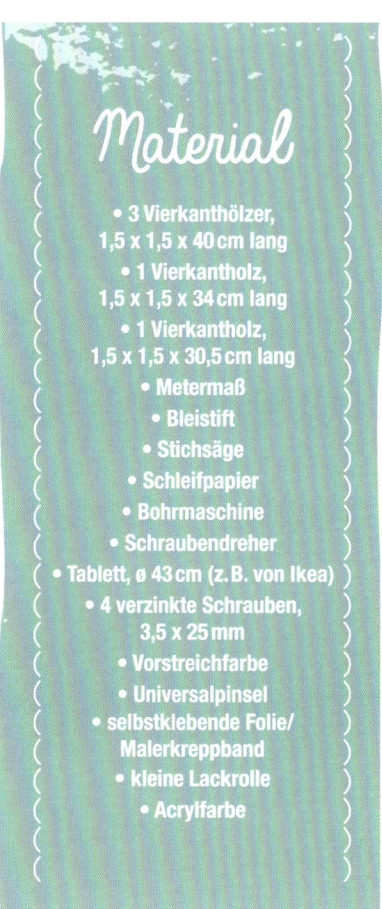

Material

- 3 Vierkanthölzer, 1,5 x 1,5 x 40 cm lang
- 1 Vierkantholz, 1,5 x 1,5 x 34 cm lang
- 1 Vierkantholz, 1,5 x 1,5 x 30,5 cm lang
- Metermaß
- Bleistift
- Stichsäge
- Schleifpapier
- Bohrmaschine
- Schraubendreher
- Tablett, ø 43 cm (z. B. von Ikea)
- 4 verzinkte Schrauben, 3,5 x 25 mm
- Vorstreichfarbe
- Universalpinsel
- selbstklebende Folie/ Malerkreppband
- kleine Lackrolle
- Acrylfarbe

SO WIRD'S GEMACHT:

1. Die Vierkanthölzer mit der Stichsäge auf die angegebenen Maße zuschneiden oder entsprechend auf einen anderen Tablettumfang anpassen. Alle Vierkanthölzer mit Schleifpapier glätten.

2. An den langen Kanthölzern (40 cm lang) die Mitte mit Bleistift markieren. Das Verbindungsstück (34 cm lang) zwischen zwei Kanthölzer legen, dabei schließt dessen Oberkante an der Markierung ab. An den beiden Kanthölzern jeweils das Bohrloch markieren. Die Löcher vorbohren und anschließend das Verbindungsstück mit den Kanthölzern verschrauben.

3. Nun die klappbare Seite des Untergestells bauen. Dazu das Verbindungsstück (30,5 cm lang) an die Markierung am Kantholz legen. Diesmal schließt die Unterkante an der Markierung ab. Das Verbindungsstück mit dem Seitenteil verschrauben. Auf der anderen Seite des Verbindungsstücks 7 mm vom Rand entfernt ein Loch bohren.

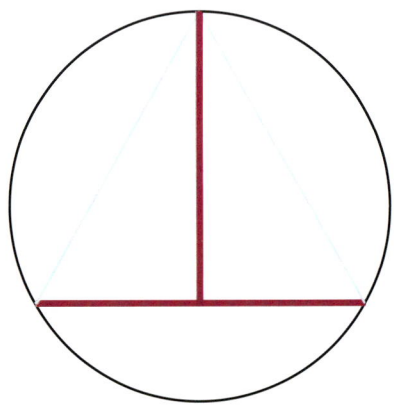

4. Das Untergestell mit den beiden Kanthölzern aufstellen. Das Verbindungsstück auf die Querstrebe legen, bündig abschließen lassen und durch das Bohrloch miteinander verschrauben.

5. Das Tablett mit Spülmittel abwischen und gut abtrocknen. Den Bereich, der abgedeckt werden soll, festlegen. Bei einfachen grafischen Formen die Konturen mit Malerkreppband abkleben und fest andrücken, andere Motive auf selbst klebende Folie zeichnen. Anschließend Untergestell und Tablett mit Vorstreichfarbe grundieren und trocknen lassen. Im zweiten Anstrich die Wunschfarbe auftragen. Nachdem der Anstrich getrocknet ist, das Kreppband oder die Folie vorsichtig abziehen.

6. Das Untergestell zu einem gleichseitigem Dreieck aufstellen und das Tablett auf das Untergestell legen.

Konstruktionsplan für den Beistelltisch: Der Tablettumfang wird durch die schwarze Linie dargestellt. Die beiden roten Linien zeigen das Untergestell.

ZITRONEN-INGWER-LIMO

Das brauchen Sie:
300 ml Wasser,
Saft von 2 Zitronen,
Zucker nach Belieben,
3 Stängel Minze,
ca. 2 cm Ingwerwurzel geschält und in Scheiben geschnitten,
ca. 700 ml kohlensäurehaltiges Mineralwasser,
einige Eiswürfel

In einem Krug Zitronensaft, Wasser und Zucker verrühren, Ingwer und Minze dazugeben. und mit dem Mineralwasser auffüllen. Umrühren und mindestens 30 Minuten im Kühlschrank ziehen lassen. Die Minze nach 15 Minuten herausnehmen. Zum Servieren die Limo durch ein Sieb auf einige Eiswürfel gießen.

AUSZEIT NEHMEN

Fröhlich vor sich hinschaukeln, vielleicht den neusten Schwedenkrimi lesen oder einfach nur in den blauen Himmel schauen und träumen. Keine Frage, eine **Hängematte** ist bestimmt auch für Sie Entspannung pur.

Material

- fester Baumwollstoff, 90 x 232 cm
- Nähgarn extra stark
- Bügeleisen
- Maßband
- Stecknadeln
- Canvas, 28 x 86 cm
- Stoffschere
- Vliesofix®, 28 x 86 cm
- Bleistift
- 2 Kanthölzer, 86 x 3 x 2 cm
- Bohrmaschine
- 2 Seile, je 15 m lang
- Malerkreppband
- 2 Spanngurte
- 2 Karabinerhaken, 60 mm

SO WIRD'S GEMACHT:

1. Den Baumwollstoff vorwaschen und bügeln. Alle Kanten mit Zickzackstichen einfassen. Für die Säume beide Längskanten 1 cm nach links bügeln und nochmal 1 cm umschlagen. Mit Stecknadeln fixieren und ca. 7 mm von der Saumkante entfernt mit der Nähmaschine absteppen.

2. Vom Canvas einen Streifen (14 x 86 cm) abschneiden. Einen ebenso großen Streifen Vliesofix® aufbügeln und das Trägerpapier abziehen. Den Baumwollstoff auf die rechte Seite legen und an der kurzen Kante 1 cm vom Rand entfernt den Canvas-Streifen auflegen und festbügeln.

3. Die Mitte des Canvas-Streifens mit einer Bleistiftlinie markieren. Mit einem Maßband den Canvas-Streifen in zehn gleiche Abstände unterteilen und an der Mittellinie mit Bleistift eine Markierung setzen. Nun von dieser Markierung ausgehend 3 cm nach oben und unten

eine Linie aufzeichnen. Auf die 6 cm langen Linien mit der Nähmaschine je ein Knopfloch nähen und mit der Schere aufschneiden. Für den Saum an der schmalen Kante zuerst 1 cm umbügeln, dann den Canvas-Streifen zur Hälfte falten, sodass sich insgesamt zehn Tunnel bilden. Den Saum mit zwei Nähten festnähen.

4. Das Kantholz auf die breite Seite legen, jeweils mittig und 2 cm vom Rand zwei Löcher (ø doppelte Seilstärke) bohren. Dazwischen im gleichen Abstand zehn weitere Löcher bohren. Das Kantholz vor die Hängematte legen, sodass die Bohrlöcher zu den Tunnel zeigen.

5. Seilanfang und -ende mit Malerkrepp umwickeln. Das Seil, bis auf einen Meter, durch das Bohrloch zur Hängematte fädeln und durch alle Tunnel schieben. An jedem Tunnel eine Schlaufe von ungefähr 60 cm herausziehen und durch das gegenüberliegende Bohrloch stecken. Alle Schlaufen nach der Holzleiste zu einer großen Schlaufe zusammennehmen. Die Längen etwas korrigieren. Die Schlaufe mit dem restlichen Seil wie abgebildet umwickeln. Die Seilenden jeweils mit einem Knoten sichern.

6. Schritt 2 bis 6 auf der gegenüberliegenden Stoffseite wiederholen.

Zum Aufhängen werden zwei starke Baumstämme sowie zwei stabile Karabinerhaken und zwei lange Spanngurte benötigt.

TIPP

Für die Unterseite der Hängematte unifarbenen Stoff wählen oder auf Mustermix setzen. Besonders schön sieht es aus, wenn Sie die Längskanten der Hängematte mit einer Fransenborte verzieren.

DIE KLEINE BANK

Für diese **Gartenbank** brauchen Sie nur etwas Altholz.
Die Bank lässt sich schnell bauen und findet auch im kleinsten
Garten Platz. Nicht nur Kräutertöpfe stehen auf sie!
Ihr Bankgeheimnis jedoch sind die Koordinaten für
Breiten- und Längengrad Ihres Standorts…

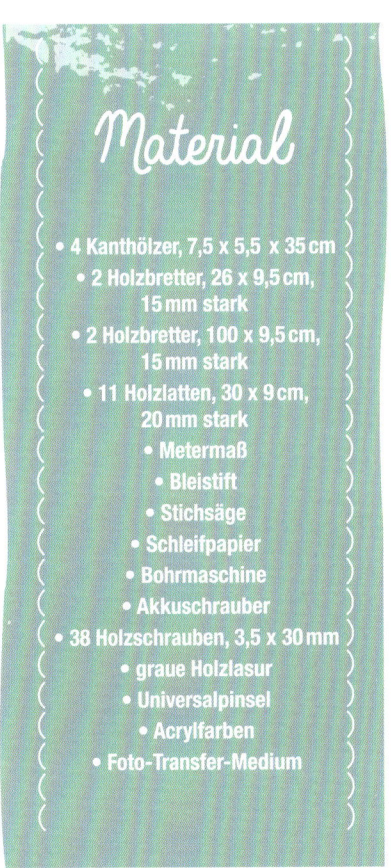

Material

- 4 Kanthölzer, 7,5 x 5,5 x 35 cm
- 2 Holzbretter, 26 x 9,5 cm, 15 mm stark
- 2 Holzbretter, 100 x 9,5 cm, 15 mm stark
- 11 Holzlatten, 30 x 9 cm, 20 mm stark
- Metermaß
- Bleistift
- Stichsäge
- Schleifpapier
- Bohrmaschine
- Akkuschrauber
- 38 Holzschrauben, 3,5 x 30 mm
- graue Holzlasur
- Universalpinsel
- Acrylfarben
- Foto-Transfer-Medium

SO WIRD'S GEMACHT:

1. Alle Holzteile zusägen oder, wenn eine größere Bank gewünscht wird, auf die entsprechenden Maße anpassen. Anschließend die Zuschnitte mit Schleifpapier (80er-Körnung) glätten. Die Holzlatten für die Sitzfläche zusätzlich noch mit feinem Schleifpapier bearbeiten.

2. Die Seitenteile bauen, dazu ein Kantholz mit der breiten Seite auf die Arbeitsplatte legen. Ein kurzes Holzbrett senkrecht an die Kantholzseite stellen und an der Oberkante bündig abschließen lassen. Am Holzbrett zwei Löcher diagonal versetzt markieren und vorbohren. Das Brett an das Kantholz schrauben. Nun auf der gegenüberliegenden Seite des Holzbretts in der gleichen Weise einen weiteren Kantholzfuß festschrauben. Ein Seitenteil der Bank ist fertig, nun das zweite Seitenteil in der gleichen Weise wie oben beschrieben bauen.

3. Beide Seitenteile parallel zueinander aufstellen, sodass die Holzfüße innen liegen. Auf die Holzfüße ein Holzbrett legen und bündig an der Fußoberseite und am Seitenteil abschließen lassen.

Ebenfalls zwei Löcher diagonal versetzt markieren und vorbohren. Das Holzbrett auf der anderen Seite verschrauben. Das Untergestell umdrehen und die beiden Seitenteile ebenso mit dem letzten langen Holzbrett verschrauben.

4. Das Untergestell der Bank mit grauer Holzlasur einpinseln und trocknen lassen. In der Zwischenzeit die Latten für die Sitzfläche ringsum vorstreichen und ebenfalls trocknen lassen. Danach die Holzlatten mit den gewünschten Acrylfarben streichen und trocknen lassen. Auf das lasierte Untergestell die Längen- und Breitengradkoordinaten mit Foto-Transfer-Medium aufbringen (siehe dazu auch Seite 54).

5. Die Farbreihenfolge für die Sitzfläche festlegen. Die elf Holzlatten in gleichmäßigen Abständen auf das Untergestell legen, dabei schließen die beiden äußeren Latten mit dem Seitenteil der Bank bündig ab. Nun die Latten am Gestell fixieren und die Löcher am Brettanfang und -ende jeweils in der Lattenmitte vorbohren. Darauf achten, dass die Schraube in die darunterliegende Schmalkante des Bretts trifft. Alle Latten mit dem Bankuntergestell fest verschrauben.

TIPP

Beim Sägen sollten Sie unbedingt eine Schutzbrille und -handschuhe tragen. Sägen Sie mit der Stichsäge langsam und gleichmäßig. Um eine möglichst gerade Schnittkante zu erhalten, führen Sie die Stichsäge an einer Holzlatte entlang.

GARTEN-SPA

Die Temperaturen steigen und ebenso die Sehnsucht nach einer Wohlfühloase. Mit Gartendusche, Deckchair und Vogelbad werden alle glücklich!

AQUA PLANING

Rutschgefahr besteht bei dieser flexiblen **Outdoor-Dusche** nicht, denn für einen sicheren Stand bei Ihrem Duschvergnügen sorgt ein **Lattenrost.** Mit einem Gartenschlauch verbinden Sie die Dusche direkt mit dem Außenwasseranschluss. Nur für Warmduscher könnten die gefühlten 10 Grad Celsius Wassertemperatur eine echte Mutprobe werden…

Material

FÜR DIE DUSCHE:
- 4 Besenstiele, 180 cm lang, ø 28 cm
- Holzlasur
- Acrylfarbe
- Universalpinsel
- Plastikfolie
- Seil, ca. 1 m lang
- Gartenschlauch
- Gießkannentülle
- Gummistück
- 4 passende Ringschellen
- 1 halbe Schlauchverschraubung ½" M
- 1 Auslaufventil ½"
- 1 Kugelhahn mit 21 mm (G ½)-Gewinde
- 3 Kabelbinder
- 1 Schlauchkupplung

FÜR DEN LATTENROST:
- 2 Holzlatten, 63 x 5,5 cm, 19 mm stark
- 9 Holzbretter, 50 x 5,5 cm, 19 mm stark
- 18 Holzschrauben, 3,5 x 30 mm
- Seil, ca. 70 cm lang

SO WIRD'S GEMACHT:

1. Die Besenstiele lasieren und auf einer Plastikfolie trocknen lassen. Für eine Optik, die wie in Farbe getunkt wirkt, alle Stielenden ca. 40 cm lang in der gewünschten Farbe streichen.

2. Die vier Besenstiele zusammenfassen. Die Stiele im oberen Drittel mit einem Stück Seil einige Male fest umwickeln und verknoten. Drei Besenstiele in einem stabilen Winkel zueinander aufstellen. Mit dem vierten Besenstiel lässt sich die Duschhöhe festlegen. Dazu den Besenstiel entsprechend weit nach oben herausziehen.

3. Vom Gartenschlauch einen Meter abschneiden und an einem Schlauchende eine Gießkannentülle befestigen. Dazu über Tülle und Schlauch ein entsprechend großes Gummistück ziehen und mit zwei Ringschellen befestigen. Jetzt das zweite Schlauchende mit dem Ende des übrigen Schlauchs mithilfe eines Kugelhahns verbinden und ebenfalls mit Ringschellen fixieren. Dann den Schlauch mit Kabelbindern oben an der „Duschstange" befestigen, sodass die Tülle überhängt. Ebenso den Schlauch vor und nach dem Absperrhahn mit Kabelbindern fixieren. Das Schlauchende mit einer Schlauchkupplung ausstatten und mit dem Außenwasseranschluss verbinden.

4. Für den Lattenrost (63 x 50 cm) alle Holzzuschnitte mit Schleifpapier glätten. Die Holzteile nach Belieben mit Acryllack und/oder Holzlasur streichen und trocknen lassen.

5. Die Holzbretter im Abstand von 5 mm auf den Boden legen, dazu ein Brett in dieser Stärke als Abstandshalter verwenden. Die beiden Holzlatten jeweils 2 cm von den Schnittkanten entfernt auf die Bretter legen. Jedes Brett wird mit einer Schraube durch die Latten befestigt. Die Bohrlöcher markieren, Löcher bohren (ø 3 mm) und die Latten an die Bretter schrauben.

6. Für den Tragegriff ein ausreichend langes Stück Seil abschneiden. An den überstehenden Latten zwei Bohrlöcher mittig im Abstand von je 5 cm zum obersten Brett markieren. Der Bohrlochdurchmesser richtet sich nach der Seilstärke. Die Löcher durchbohren. Das Seil durch die Bohrlöcher ziehen und jedes Seilende mit einem festen Knoten sichern.

SÜSSES BODY-PEELING

Dieses süße Body-Peeling lässt sich schnell herstellen, die Zutaten haben Sie sicher zu Hause!
Geben Sie ein paar Löffel weißen Zucker in eine kleine Schale und gießen Sie etwas Olivenöl dazu, bis eine dickflüssige Masse entsteht. Danach rühren Sie alles gut durch. Das Zucker-Peeling in kreisenden Bewegungen auf die feuchte Haut auftragen. Ein paar Minuten einwirken lassen und anschließend mit Wasser gut abspülen. Abgestorbene Hautschüppchen werden durch die Zuckerkörner entfernt. Das Olivenöl pflegt die Haut und macht sie seidigweich! Anschließendes Eincremen ist überflüssig.

WECHSELZONE

Ein Hula-Hoop-Reifen, Seile, Bänder, ein paar Meter Stoff und ein starker Baum machen diese **Umkleidekabine** zur Wechselzone in Ihrem Garten. Schnell mal ohne lästige Blicke Short und Shirt gegen einen Bikini tauschen oder geschützt Siesta halten. Ist es auch bei Ihnen Zeit für einen Wechsel?

Material

FÜR DIE UMKLEIDEKABINE:
- Bettlaken, 260 x 240 cm
- Hula-Hoop-Reifen, ø 80 cm
- Stoff-Färbemittel, dunkelblau
- Gummihandschuhe
- große Schüssel
- Kochlöffel
- Wäscheleine
- Stoffband, ca. 3 m lang
- Stoffschere
- Stecknadeln
- Nähgarn Allesnäher
- Seil

FÜR DAS GARTENSCHILD:
- Holzbrett
- Schleifpapier, optional
- Acrylfarbe, opitonal
- Universalpinsel, optional
- Vorlage Wunschmotiv
- Foto-Transfer-Medium
- Universalpinsel
- Schwamm

SO WIRD'S GEMACHT:

1. Das Bettlaken vorwaschen und trocknen lassen.

2. Zum Färben unbedingt Gummihandschuhe anziehen. Die Textilfarbe nach den Angaben des Herstellers mithilfe eines Kochlöffels in einer großen Schüssel anrühren. Eine Uhr bereitlegen, um die Färbezeiten kontrollieren zu können. Den Farbverlauf in drei Schritten anlegen. Den Stoff locker zusammenfassen und jeweils mit der unteren Kante zuerst in die Farbe tauchen und bei jedem Tauchgang etwa 1 Minute auf einer Höhe halten. Beim ersten Tauchbad wird der Stoff bis zu einem Drittel eingetaucht, danach wird die Tauchtiefe in zwei Schritten reduziert. So entsteht ein Farbverlauf von dunkel (unten) zu hell (oben). Am besten vorher an einem Stoffrest ausprobieren! Das Laken zum Trocknen an eine Wäscheleine hängen.

3. Vom Stoffband 25 cm lange Stücke abschneiden. Jeweils mit zwei Bändern am Anfang und Ende des oberen Stoffrands beginnen. Dazu die Bänder aufeinanderlegen, das Laken dazwischenschieben und die Stoffbänder jeweils 5 cm in das Laken stehen lassen. Anschließend die Bänder mit Stecknadeln fixieren und 1 cm von der Oberkante entfernt feststeppen. Die restlichen Stoffbänder nun in gleichmäßigen Abständen dazwischen verteilen und wie oben beschrieben annähen. Anschließend die Bänder an den Reifen knoten.

4. Für die Aufhängung im Baum einfach vier Seile im gleichen Abstand an den Reifen knoten und am Baum befestigen.

> **TIPP**
>
> Bevor Sie den Reifen zur Wechselzone umfunktionieren, lassen Sie ihn doch mal locker um die Hüften kreisen. Durch den konsequenten Reifendreh sollen Beine, Po und Rückenmuskulatur gestärkt werden!

BEDRUCKTES GARTENSCHILD

1. Die Oberfläche des Holzstücks bearbeiten, sie sollte glatt sowie staub- und fettfrei sein. Für eine Shabby-Optik das Brett in verschiedenen Farben streichen und mit Schleifpapier bearbeiten.

2. Die Vorlage eines Motivs Ihrer Wahl spiegelverkehrt in der gewünschten Größe am Laserdrucker ausdrucken. Auch Farbkopien sind möglich. Das Foto-Transfer-Medium dick auf die bedruckte Kopienseite pinseln, ebenso auf das Holz auftragen. Das bestrichene Motiv auf das Holzbrett legen und andrücken. Das Papier glatt streichen, eventuelle Blasen von der Mitte zum Rand hin ausstreichen. Zwei Stunden trocknen lassen.

3. Das Papier mit einem Schwamm anfeuchten und stückweise vorsichtig abbrubbeln, bis das Motiv erscheint. Anschließend den Aufdruck noch versiegeln, dazu wieder etwas Foto-Transfer-Medium über das Motiv streichen.

HÄNGEN BLEIBEN

Im Outdoor-Bereich zieht dieser coole **Handtuchhalter** schon mal Blicke auf sich. Auch Lichterketten sehen daran gut aus und mit einer Filzunterlage darf er sogar in die Wohnung umziehen. Vielleicht in Ihre Diele oder ins Badezimmer?

Material

- Rundhölzer Buche, ø 8 mm
- Metermaß
- Bleistift
- Handsäge
- 5 Kugeln, verschieden groß, Bohrung ø 8 mm
- Holzleim
- Acryllack, Universalpinsel
- leeres Marmeladenglas
- Rundstab, ø 28 mm, 180 cm lang
- Bohrmaschine
- 1 großer Plastikkanister (Form)
- Speiseöl
- 1 Plastikflasche (Trichter)
- Plastikfolie
- Arbeitshandschuhe
- Schutzbrille
- großer Plastikeimer
- Zement
- Sand
- Gießkanne mit Wasser
- Maurerkelle
- Holzkeil oder Pappe
- Cutter

SO WIRD'S GEMACHT:

1. Für die Haken die Rundhölzer auf die gewünschten Längen zusägen. Die Kugeln auf die Rundhölzer stecken und mit Holzleim fixieren. Dann die Kugeln ringsum mit Acryllack in Ihrer Wunschfarbe anstreichen und zum Trocknen in leere Marmeladengläser stellen.

2. Am Rundstab die Bohrlöcher und den Winkel für die Haken festlegen und anzeichnen. Die Löcher (ø 8 mm) bohren.

3. Den Plastikkanister saubermachen und gut trocknen lassen. Anschließend etwas Speiseöl in den Kanister füllen und überall verteilen, sodass die Innenseiten gleichmäßig eingeölt sind.

4. Einen Trichter bauen, damit der Beton nachher leichter in den Kanister eingefüllt werden kann. Dafür eine Plastikflasche halbieren und den oberen Teil als Einfüllhilfe verwenden.

5. Bevor es ans Betonieren geht, den Arbeitsbereich mit Plastikfolie auslegen und Arbeitshandschuhe sowie eine Schutzbrille anziehen. Den Sand in einen großen Eimer schütten und etwa halb so viel Zement dazugeben. Beides miteinander vermischen. Dann langsam Wasser hinzufügen und mit einer Kelle weiterrühren, bis eine gebundene Masse entstanden ist. Der Beton darf nicht zu dünnflüssig sein.

6. Den Trichter auf den eingeölten Kanister stellen und den Beton mithilfe einer Maurerkelle eingießen, dabei den Kanister nicht ganz voll füllen. Anschließend den Rundstab in den Beton drücken. Den Kanister mehrfach leicht schütteln, sodass die Luftblasen entweichen können. Eventuell übergelaufenen Beton abwischen. Als Abstandhalter einen Holzkeil oder ein Stück Pappe zwischen die Kanisteröffnung und den Rundstab klemmen.

7. Den ausgegossenen Kanister vier Tage aushärten lassen. Dann den Plastikkanister mit dem Cutter aufschneiden und entfernen.

8. Zum Schluss die Haken in die vorgebohrten Löcher am Rundstab stecken und mit ein paar Tropfen Holzleim fixieren.

> **TIPP**
>
> Wie wäre es mit einem praktischen Handtuchhalter aus der Natur? Suchen Sie sich ein schönes Bäumchen aus dem Baumabfall aus und schneiden Sie die Zweige so weit zurück, dass nur oben ein paar längere Zweige stehen bleiben. Stellen Sie den Baum in einen Blumentopf, den Sie mit Beton auffüllen.

ZEICHEN SETZEN

Lässig abtauchen können Sie hinter diesem **Sichtschutz-Leporello** und für Schatten ist auch gesorgt. Außerdem lässt sich im Handumdrehen ein Bereich im Garten abtrennen, beispielsweise um Getränkekisten dahinter zu verstecken oder den Eingang zum Open-Air-Kino zu begrenzen.

Material

- weißer Baumwollstoff, 110 x 430 cm
- Maßband
- Bügeleisen
- Stecknadeln
- Stoffschere
- passendes Nähgarn
- 2 Ösen mit Scheiben, ø 14 mm
- Hammer
- schwarzer Stoff
- Vliesofix®
- Vorlage Wunschmotiv
- 4 Bambusstäbe, 150 cm lang, ø 12 mm/14 mm
- ausreichend langes Stück Reepschnur
- 2–5 Heringe

SO WIRD'S GEMACHT:

1. Den Baumwollstoff vorwaschen und bügeln. Den Stoff auf das gewünschte Maß zuschneiden und ausbreiten. Die oberen Stoffecken diagonal nach unten schlagen, sodass die obere Stoffkante bündig mit der unteren ist. Die eingeschlagenen Ecken feststecken und bügeln. Die Ecken wieder auffalten und jeweils an den Bügelkanten abschneiden.

2. Für den Saum alle Stoffkanten zuerst 1 cm breit auf die linke Seite umschlagen und festbügeln, dann noch einmal 1 cm umschlagen und wieder bügeln. Den Saum wieder auffalten und die Ecken im 45°-Winkel zu den Bügellinien abschneiden. Die abgeschnittenen Ecken umlegen, bügeln und die Seiten wieder wie zuvor zweifach zum Saum legen. Den Saum ringsum fixieren und mit der Nähmaschine feststeppen.

3. Die beiden Dreieckspitzen zur Stoffmitte hin falten; dabei liegt Unterkante auf Unterkante. Mit 3 cm Abstand parallel zur Faltkante

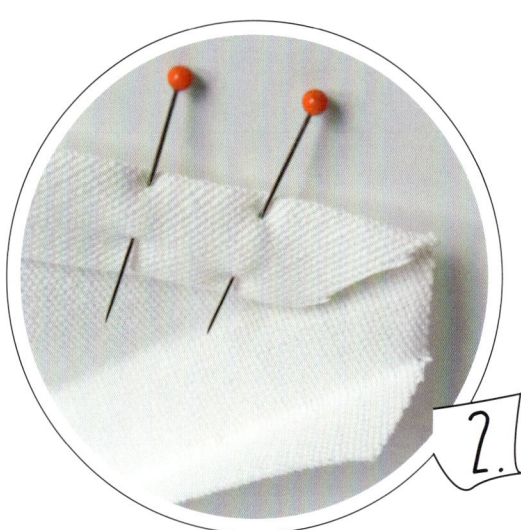
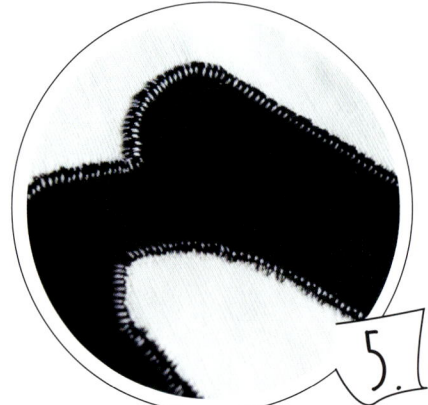

absteppen, sodass ein Tunnel entsteht. Dann die Spitzen wieder aufklappen. Die verbleibende Strecke zwischen den äußeren Tunneln in drei gleich große Flächen einteilen und mit Stecknadeln am oberen und unteren Rand markieren. Den Stoff rechts auf rechts falten und zwischen den Markierungen zwei weitere Tunnel mit ca. 3 cm Breite nähen, sodass sich vier parallele Tunnel ergeben.

4. An beiden Dreieckspitzen ca. 3 cm vom Rand entfernt jeweils eine Öse nach Packungsanleitung einschlagen.

5. Für das Wunschmotiv eine Vorlage erstellen. Das Motiv auf die gewünschte Größe kopieren oder auf Papier zeichnen. Vliesofix® ausbreiten und das Wunschmotiv mit Bleistift spiegelverkehrt übertragen. Das Vliesofix® auf die linke Seite des schwarzen Stoffs bügeln und das Motiv an der Kontur ausschneiden. Das Trägerpapier abziehen. Das Motiv auf dem Sichtschutz (rechte Seite) platzieren und festbügeln. Die Motivkonturen mit engen Zickzackstichen applizieren.

6. Die Bambusstäbe durch die Tunnel schieben. Für jede Öse ein ausreichend langes Stück Reepschnur abschneiden. Jeweils ein Stück Reepschnur durch eine Öse schieben und verknoten. Sonnen-Leporello aufstellen und beide Seile mit jeweils einem Hering fixieren. Für einen sicheren Stand die Bambusstäbe ebenfalls mit Seilen und Heringen fixieren.

TIPP

Ihre Wunschmotive können Sie auch mit Foto-Transfer-Medium (Seite 14) auf Stoff übertragen. Der Fotodruck ist in Farbe möglich und sogar waschbar. Beachten Sie dabei die Herstellerangaben.

VÖLLIG RELAXED

So richtig auf Spannung gehen bei diesem **Deckchair** nur die Gurte. Die Liegefläche wird durch eine aufsteckbare Kopfstütze verlängert und gemütlich wird es durch eine Isomatte, die sich zwischen zwei Duschhandtüchern versteckt.

Material

FÜR DEN DECKCHAIR:
alle Bretter sind aus 13 mm starkem Fichtenholz:
- Kopfstütze:
2 Holzbretter, 38 x 10 cm
2 Kanthölzer, 39 x 3 x 5 cm
- Fußteil:
8 Holzbretter, 60 x 10 cm
2 Kanthölzer, 60 x 3,5 x 5,5 cm
- Sitzfläche:
6 Holzbretter, 60 x 10 cm
2 Kanthölzer, 100 x 3,5 x 5,5 cm
- Rückenlehne:
9 Holzbretter, 60 x 10 cm
2 Kanthölzer, 100 x 3,5 x 5,5 cm
- ca. 120 Schrauben, 4 x 35 mm
- Schleifpapier
- weiße Holzlasur
- graue Acrylfarbe
- Universalpinsel
- Bohrmaschine
- 4 Kistenbänder, 120 x 30 mm
- 32 Schrauben M 4 x 30 mm
- 4 Spanngurte mit Ratsche

FÜR DIE AUFLAGE:
- Isomatte/Schaumstoff
- Cutter/Stoffschere
- 2 Frottee-Duschhandtücher
- Stecknadeln, Nähnadel
- Nähgarn Allesnäher

SO WIRD'S GEMACHT:

1. Die Holzzuschnitte mit Schleifpapier glätten. Alle Holzteile mit weißer Holzlasur zweimal streichen und trocknen lassen. Die Schnittkanten der Holzbretter mit grauer Acrylfarbe streichen und ebenfalls trocknen lassen.

2. Zunächst das Fußteil bauen. Die Kanthölzer mit der schmalen Seite parallel und in 50 cm Abstand auf den Boden legen. Das erste Brett oben bündig, die restlichen drei Bretter mit 5 cm Abstand zueinander auflegen. Die Bretter links und rechts 5 cm am Kantholz überstehen lassen. Jede Brettseite mit zwei Schrauben am Kantholz fixieren. Das Fußteil umdrehen und dort vier Bretter parallel zur Vorderseite anschrauben.

3. Die Sitzfläche wie das Fußteil bauen, jedoch mit nur jeweils drei Brettern auf einer Seite. Für die Rückenlehne das erste Brett im Abstand von 2 cm, die restlichen Bretter in jeweils 5 cm Abstand mit dem Kantholz verschrauben. Das Rückenteil umdrehen und dort nur vier Bretter parallel zur Vorderseite anschrauben (das unterste Brett fehlt).

GARTEN-SPA

4. Als Nächstes die Kopfstütze bauen; dazu die Bretter bündig an den Kanthölzern abschließen lassen und mit einem Brettabstand von 2 cm auflegen. Die Bretter mit den Kanthölzern verschrauben.

5. Von Sitzfläche und Fußteil die jeweils bündigen Seiten zueinander legen. Mit einem Kistenband links und rechts verbinden. Anschließend die Rückenlehne ebenfalls durch zwei Kistenbänder mit der Sitzfläche verbinden.

6. An beiden Liegestuhlseiten die Spanngurte vom Rückenteil zur Sitzfläche führen und auf Zug gehen. Ebenso zwei weitere Gurte von der Sitzfläche zum Fußteil spannen. Zum Schluss die Kopfstütze in die Rückenlehne stecken.

> **TIPP**
>
> Damit Sie sich lange an Ihrem Deckchair erfreuen können, sollten Sie Edelstahlschrauben verwenden. Eisenhaltige Schrauben könnten rosten und unschöne schwärzliche Verfärbungen verursachen.

AUFLAGE FÜR DEN DECKCHAIR

1. Die Liegefläche mit einem Maßband ausmessen. Eine Isomatte oder ein Schaumstoff-Polster auf die gewünschte Größe zuschneiden. Für den Bezug das Maß des Zuschnitts verwenden und an allen Seiten 1 cm für die Nahtzugabe zuzüglich die halbe Isomattenhöhe dazurechnen. Anschließend zweimal die gewünschte Größe aus Frottee-Duschhandtüchern zuschneiden. Die offenen Kanten mit der Nähmaschine in Zickzackstichen einfassen.

2. Die Zuschnitte rechts auf rechts legen, mit Stecknadeln fixieren und zusammennähen. Dazu eine Querseite und zwei Längsseiten mit 1 cm Abstand zu den Kanten absteppen. An der zweiten Querseite nur so weit nähen, dass eine ausreichend große Öffnung bleibt, um Isomatte/Schaumstoff später einzuschieben. Die Nahtzugaben an allen Ecken schräg zurückschneiden. Die Polsterauflage wenden. Den Bezug über Isomatte/Schaumstoff schieben und die Öffnung mit einigen Handstichen schließen.

KISTENWEISE ORDNUNG

Wohin mit Sonnencreme, Büchern und all den Kleinigkeiten? Besuchen Sie doch mal Ihren Gemüsehändler, kaufen Sie dort die Zutaten für einen grünen Smoothie ein und lassen Sie sich mit vier Obstkisten beschenken. Die Kisten sind die Grundlage für dieses **Utensilo**, die nötige Power in der Bauphase gibt Frankys grüner Smoothie.

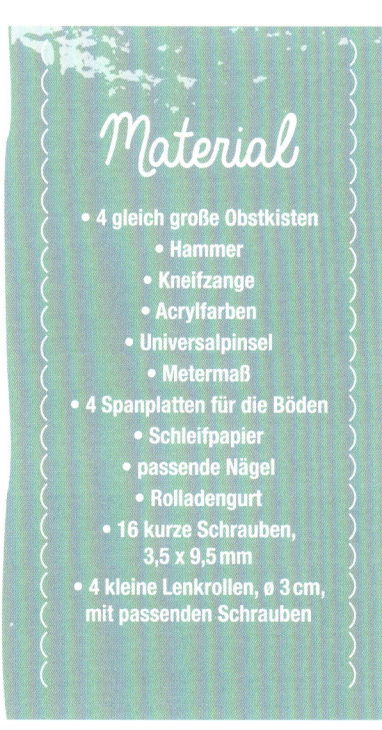

Material

- 4 gleich große Obstkisten
- Hammer
- Kneifzange
- Acrylfarben
- Universalpinsel
- Metermaß
- 4 Spanplatten für die Böden
- Schleifpapier
- passende Nägel
- Rolladengurt
- 16 kurze Schrauben, 3,5 x 9,5 mm
- 4 kleine Lenkrollen, ø 3 cm, mit passenden Schrauben

SO WIRD'S GEMACHT:

1. Die vier gleich großen Obstkisten reinigen, eventuell überstehende Nägel oder Tackernadeln entfernen. Die Kisten in den gewünschten Farben außen und innen streichen. Den Anstrich trocknen lassen.

2. Da die Kistenböden nicht allzu stabil sind, besser mit einer zusätzlichen Spanplatte verstärken. Dazu den Boden der Obstkiste ausmessen. Im Baumarkt die Platten auf das entsprechende Maß zusägen lassen. Alle Schnittkanten mit Schleifpapier glätten. Auf jede Kistenunterseite eine Holzplatte legen und festnageln.

3. Vom Rolladengurt acht entsprechend lange Stücke mit der Schere abschneiden (Bodenbreite plus ein paar Zentimeter für Vorder- und Rückteil zugeben). Den Gurt an der Kistenvorderseite festschrauben, unter der Bodenplatte spannen und mit einer weiteren Schraube an der Rückseite fixieren.

4. Auf dem untersten Kistenboden vier Lenkrollen montieren, dazu jeweils 5 cm von jeder Ecke entfernt eine Rolle auflegen. Die Bohrlöcher markieren und vorbohren. Mit den dazu passenden Schrauben die Lenkrollen fixieren. Die Kiste umdrehen und die restlichen drei Obstkisten exakt aufeinanderstapeln.

FRANKYS GRÜNER SMOOTHIE

Nachdem Sie sich so intensiv mit der Verpackung von Obst- und Gemüsekisten beschäftigt haben, geht's nun an den Inhalt. Aus frischem Obst und Grünzeug lässt sich schnell ein grüner Smoothie mixen. Ein echtes Powergetränk!

Viele Zutaten wachsen vielleicht bereits in Ihrem Garten. Neben Minze und Salat eignen sich auch diese Wildkräuter: Löwenzahn (hat einen leicht bitteren Geschmack), Spitzwegerich (mit antibiotischer Wirkung) und Brennnessel (wirkt entwässernd).

Das brauchen Sie:
1 knackiger Apfel, 1 Banane und ½ Salatgurke in Stücke geschnitten, 1 EL Cashewnüsse, 1 große Handvoll Grünzeug (beispielsweise Spinat, Feldsalat, Radieschenblätter, Sommersalate), einige Löwenzahnblätter, 1 Stängel Ananas-Minze, 1 Prise Chili, Zimt, Kardamom und etwas Agavendicksaft

In dieser Reihenfolge alle Zutaten in den Mixer einfüllen. Ein großes Glas Leitungswasser dazugeben und mixen. Ergibt 4 Gläser. Mmmhh!

SOMMER IM FREIBAD

Die Wimpel wehen bereits im Wind – ein Zeichen, dass die Freibadsaison endlich eröffnet ist. Die Vögel nehmen bei diesen hochsommerlichen Temperaturen gern ein kühles Bad, doch auch als Trinkwasserstelle wird das **Vogelbad** immer wieder angeflogen.

Material

- Plastikfolie
- Plastikschüssel (Form)
- Ball in passender Größe
- Speiseöl
- Arbeitshandschuhe
- Schutzbrille
- große Wanne
- Sand
- Zement
- Gießkanne mit Wasser
- Maurerkelle
- etwas zum Beschweren (z. B. Holzbrett, Stein)
- Treibholz
- Schleifpapier
- Stoffreste
- ein Stück Schnur
- Klebstoff

SO WIRD'S GEMACHT:

1. Den Arbeitsbereich im Garten mit Plastikfolie auslegen. Die Formen gut saubermachen und für das Betonieren vorbereiten. Dazu die Innenseite der Plastikschüssel und den Ball mit Speiseöl einreiben.

2. Beim Betonieren Arbeitshandschuhe und Schutzbrille tragen. Den Sand in eine große Wanne schütten und etwa halb so viel Zement dazugeben. Beides miteinander vermischen. Dann langsam Wasser hinzufügen und mit einer Kelle weiterrühren, bis eine homogene Masse entstanden ist.

3. Den Beton ca. 7 cm hoch in die vorbereitete Schüssel einfüllen und mehrfach rütteln, damit eventuelle Luftblasen entweichen können. Danach den Ball entsprechend der gewünschten Beckenhöhe in den Beton drücken. Mit einer Holzplatte und einem Stein beschweren, damit der Ball seine Position behält. Etwas vom Ball entfernt ein Treibholzstück in den Beton stecken und ebenfalls fixieren.

4. Den Beton trocknen und kühl aushärten lassen. Auf keinen Fall direktem Sonnenlicht aussetzen. Nach zwei Tagen den Ball entfernen. Die Betonschale noch einige Tage weitertrocknen lassen. Erst dann die Schale mit dem Treibholz vorsichtig aus der Plastikschüssel lösen. Den oberen Schalen- und Beckenrand leicht anschleifen.

5. Für die Wimpelgirlande aus Stoffresten kleine Dreiecke ausschneiden und an der Schnur festkleben. Die Girlande an Treibholz und Becken befestigen. Zum Schluss noch etwas Wasser in das Becken füllen. Die Badesaison ist eröffnet!

> **TIPP**
>
> Bei Hitze sollten Sie das Wasser im Vogelbad täglich wechseln und einmal in der Woche das „Bad putzen". Verzichten Sie dabei auf chemische Reiniger – heißes Wasser und eine Bürste reichen aus!

BLÄTTER ABDRUCKEN

Wie wäre es mit einer Schale im Naturlook? Dazu eignen sich große Blätter, beispielsweise von Rhabarber.

Schütten Sie auf einer flachen Arbeitsfläche einen Sandhügel auf, so groß wie das Blatt. Drücken Sie die frische Blattoberseite auf den Sand, sodass diese fest aufliegt. Ziehen Sie das Blatt rund um den Sandhügel glatt und streichen Sie es mit Speiseöl ein. Mischen Sie den Beton, wie auf Seite 12 beschrieben, an. Tragen Sie den Beton bis zum Blattrand dick auf und formen Sie so eine Schale. Drücken Sie den Beton fest. In der Blattmitte häufen Sie etwas Beton auf und ziehen ihn mit einem Holzbrett gerade ab. Lassen Sie die Schale 2 Tage trocknen und lösen Sie das Blatt mit einem Schraubendreher ab.

WORKING-ZONE

Ob Blumen eintopfen, Sämlinge pikieren, Kräuter pflanzen oder Gartenwerkzeuge aufbewahren – mit diesen praktischen Helfern geht alles viel leichter!

WERKBANK IM GRÜNEN

Ihren grünen Daumen können Sie an diesem **Pflanztisch** voll entfalten. Viele kleine Helfer sorgen für Ordnung und kommen direkt aus dem Baumarkt. Ebenso das Bauholz, dass Sie mit einer wetterfesten Holzlasur schützen sollten.

Material

- graue Bau-Allzweckplatte, 100 x 50 cm, 6 mm stark
- 2 Fichtenrahmen, 90 x 3,8 x 6,8 cm (Beine kurz)
- 2 Fichtenrahmen, 130 x 3,8 x 6,8 cm (Beine lang)
- 6 Fichtenrahmen, 57,6 x 3,8 x 6,8 cm (Querleisten)
- Metermaß
- Bleistift
- Stichsäge
- Schleifpapier
- wetterfeste weiße Holzlasur
- graue Acrylfarbe
- Universalpinsel
- Bohrmaschine
- 20 Schrauben, 5,0 x 70 mm
- Schraubendreher
- 2 Schalungsbretter, 100 x 50 x 2 cm
- ca. 20 Schrauben, 3,5 x 35 mm
- Lochwand, 100 x 100 cm

SO WIRD'S GEMACHT:

1. Die Bau-Allzweckplatte im Baumarkt auf das gewünschte Maß zusägen lassen. Die Holzteile auf die entsprechenden Maße zusägen und die Schnittkanten mit Schleifpapier glätten.

2. Die Fichtenrahmen mit weißer Holzlasur einlassen. Für die Einlegeböden die Schalungsbretter in Grau streichen. Alle Anstriche gut trocknen lassen und dann noch einmal streichen.

3. Zur Befestigung der Querleisten an den Beinen ein kurzes und ein langes Fichtenholz in einen Abstand von 50 cm bringen. Die Höhe von 30 cm und 68 cm markieren und dort jeweils eine Querleiste auflegen. Beide Querleisten liegen mit der Unterkante auf den Markierungen. Die dritte Querleiste schließt oben bündig ab. Auf den Querleisten jeweils zwei nebeneinanderliegende Bohrlöcher anzeichnen und mit einem 4 mm-Bohrer vorbohren. Die Querleisten mit den Schrauben (5,0 x 70 mm) an den Beinen fixieren. Anschließend das andere Seitenteil zusammenbauen, sodass an beiden Teilen die Querleisten außen liegen.

4.

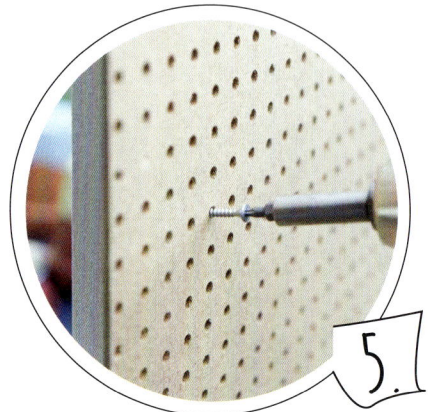

5.

4. Nun die Seitenteile mit dem oberen Einlegeboden (Schalungsbrett) verbinden, dazu beide Seitenteile in einen Abstand von einem Meter bringen. Am Einlegeboden jeweils an beiden kurzen Seiten zwei Löcher vorbohren und darauf achten, dass die Schraube mittig in das darunterliegende Holz trifft. Den Einlegeboden an beiden Seiten mit den Querleisten bündig abschließen lassen. Das Schalungsbrett mit Schrauben (3,5 x 35 mm) festschrauben. Für den unteren Einlegeboden ebenfalls Löcher vorbohren. Das Brett auf die untersten Querleisten legen und festschrauben.

5. Jetzt kann die Rückwand am Pflanztisch fixiert werden. Dazu zum Boden 30 cm Abstand lassen, also an der unteren Querleiste beginnen. Die Rückwand an den längeren, hinteren Beinen mehrfach mit den kurzen Schrauben festschrauben.

6. Zum Schluss die Allzweckplatte auf den obersten Einlegeboden legen und festschrauben. Die Allzweckplatte ist äußerst robust und lässt sich gut abwischen. Der Pflanztisch ist bereit für den ersten Einsatz. Jetzt fehlen noch praktische Accessoires; mehr dazu auf den nächsten Seiten.

> **TIPP**
>
> Einen preiswerten Pflanztisch bauen Sie aus einem Lagerregal mit mindestens drei Einlegeböden. Aufgrund der verzinkten Oberflächen ist das Regal auch ohne Anstrich wetterfest.

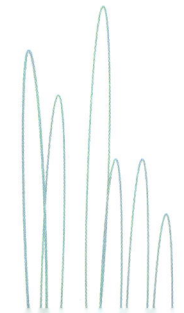

UTENSILOWAND

Eine Deko-Regenrinne oder ein Blumenkasten eignen sich gut für kleines Werkzeug, beispielsweise Rosen- und Gartenscheren. Haken mit Schraubgewinde sind ideal, um an die Lochwand Gartenwerkzeuge wie Handschaufel, -besen und -harke etc. aufzuhängen, denn genügend Löcher sind an der Wand bereits vorhanden! So lässt sich auch bequem eine Ringschelle eindrehen. Dazu einen Blumentopf in passender Größe aussuchen, in Wunschfarbe streichen und trocknen lassen. Den Topf in die Ringschelle stellen. Pflanzschilder, Samentütchen sowie Schere und Co. finden dort einen Platz. Einen Schnürsenkel durch die Löcher fädeln und die Enden gut verknoten. Gartennotizen und Samentüten lassen sich daran sicher festklemmen.

TIPP

Gartenhandschuhe verlegt? Damit Sie ab jetzt Ihre Handschuhe immer griffbereit aufhängen können, schlagen Sie in jeden Handschuh ungefähr 2 cm unterhalb der Manschettenoberkante eine Öse.

HANDWASCHPASTE

Nach dem Buddeln im Garten freuen sich Ihre Hände über eine sanfte Reinigung. Wie wäre es da mit einer DIY-Handwaschpaste, die einfach herzustellen ist und dazu noch ohne Chemie auskommt?

Vermischen Sie Holzmehl, Schmierseife und Wasser gut miteinander. Nach dem Mischen sollten Sie die Handwaschpaste in eine kleine Schale füllen und gut austrocknen lassen. Dann steht sie für ihren Einsatz bereit. Für die ganz hartnäckigen Verschmutzungen geben Sie Kaffeepulver und etwas Spülmittel in Ihre feuchten Hände. Die Paste verreiben und mit Wasser gut abspülen.

ORDNUNG AM PFLANZTISCH

Auf dem Einlegeboden fungieren Obstkisten als Schubladen. Pflanzkalender oder Gartenbuch lassen sich dort griffbereit aufbewahren; ebenso Kleinigkeiten, die sich im Gärtnerleben so ansammeln. Immer griffbereit ist eine Schnur in leeren Marmeladengläsern. Dazu in den Deckel ein Loch bohren. In das Glas eine Rolle Bindfaden einlegen und den Schnuranfang durch das Loch im Deckel ziehen. Auf der Ablage ist genug Platz für einen Sack mit Erde, große und kleine Gießkannen, Tontöpfe in verschiedenen Größen und Saatgut. Ein Zinkeimer für den Abfall darf natürlich auch nicht fehlen.

TIPP

Terrakotta-Blumentöpfe bilden oft eine grauweiße Patina. Die Kalkausblühung lässt sich ganz leicht entfernen. Füllen Sie einen Eimer mit Wasser und geben einen Schuß Essigessenz dazu. Den Topf über Nacht in die Lösung stellen. Am nächsten Tag lassen sich die Kalkreste problemlos abbürsten.

BLUMENTÖPFE VERSCHÖNERN

Die Blumentöpfe vorbereiten; dazu alle Tontöpfe gut abbürsten, reinigen und vollständig trocknen lassen.

Für eine Optik, die wie in Farbe getaucht wirkt: Die Blumentöpfe mit Malerkreppband ringsum schräg abkleben oder freihand bemalen. Acrylfarbe auftragen und trocknen lassen. Wenn die Farbe besser decken soll, den Anstrich ein zweites Mal wiederholen. Gegebenenfalls von den getrockneten Töpfen das Kreppband abziehen.

Für einen Blumentopf mit Schriftzug, hier „I WILL SURVIVE": Den Blumentopf zuerst grundieren. Dazu den Tontopf mit Acrylfarbe ringsum in der gewünschten Farbe streichen und trocknen lassen. Mit schwarzer Farbe Sprüche oder Pflanzennamen aufpinseln.

HAUSORDNUNG

Wohin mit Spaten, Rechen, Besen und all den anderen Ordnungshelfern? Die Geräte, die Sie täglich brauchen hängen Sie am besten griffbereit an diesen **Werkzeughalter**. Er ist aus Altholz gebaut und äußerst standfest, auch wenn der Lack bald ab ist. Auch für **Gummistiefel** gibt es einen **Stammplatz**.

Material

- einige Altholzstücke (Front), ca. 190 cm lang
- Metermaß
- Bleistift
- Stichsäge
- 2 Holzlatten in gewünschter Breite (Querlatten)
- Bohrmaschine
- ca. 30 selbst bohrende Holzschrauben
- Schraubendreher
- 2 Holzlatten (Dach), ca. 65 x 7 cm
- Schleifpapier
- Maurerkelle
- Metallbohrer
- 2 Schubladenknöpfe
- einige dicke Astabschnitte
- 3 Haken

SO WIRD'S GEMACHT:

1. Das Altholz, in diesem Fall sind es alte Türstöcke, auf 190 cm Länge mit der Stichsäge absägen. Die Längslatten in gleichmäßigem Abstand auf den Boden legen. Die Breite abmessen, auf die beiden Holzlatten übertragen und zusägen. An den Längslatten von den unteren Abschnittskanten zuerst ca. 30 cm und dann 115 cm nach oben messen und markieren. An jeder Markierung eine Holzlatte quer über die Längsbretter auflegen. Die Querlatte festschrauben, sodass jedes Holzbrett mit dem aufgelegten Brett verbunden ist.

2. Für die Hausform die Holzlatten im gewünschten Winkel markieren und mit der Stichsäge abschneiden. Alle Schnittkanten mit Schleifpapier glätten.

3. Das Dach an den Winkel anpassen, die Dachlatten unten etwas überstehen lassen und die oben aufeinandertreffenden Holzlatten in der Mitte auf Gehrung schneiden (siehe Bild S. 88). Die Dachbretter mit einigen Schrauben an den Schnittkanten fixieren.

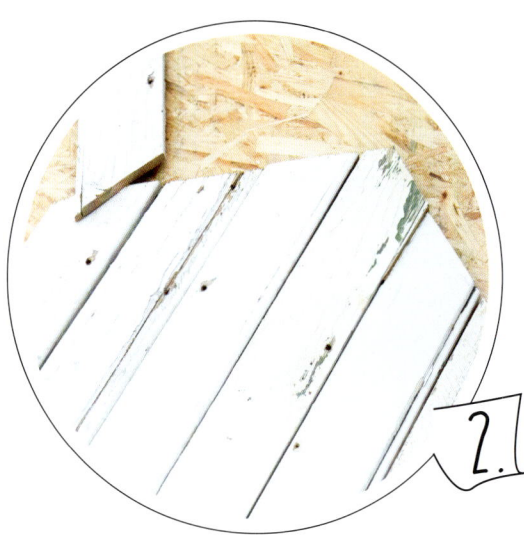

2.

3.

4. Für die Werkzeugaufhängung mit einem Metallbohrer zwei Löcher in eine Maurerkelle bohren und an der Wand in der entsprechenden Höhe festschrauben. Ebenso einige hübsche Schubladenknöpfe befestigen. Von einem Ast ca. 10 cm lange Stücke an einem Ende schräg abschneiden. Die Astaufhängung an der oberen Querleiste festschrauben. Die Abstände variieren. Zum Schluss noch einige Haken einschrauben.

TIPP

Sind Ihnen die Werkzeugstiele zu schlicht, dann geben Sie Besen und Co. doch ein individuelleres Aussehen. Zuerst sprühen Sie den Stiel mit Lackspray an und malen dann auf den getrockneten Stiel mit Acrylfarben Muster auf.

GUMMISTIEFEL-STAMMPLATZ

1. Ein Holzbrett in der Größe von ca. 60 x 25 cm zusägen. Von einem Ast sechs ca. 55 cm lange Stücke absägen. Alle Schnittkanten mit Schleifpapier glätten und in der gewünschten Acrylfarbe streichen. Die Anstriche trocknen lassen.

2. Durch die Brettrückseite sechs Löcher bohren und die Äste festschrauben. Den Stiefelaufsteller umdrehen und die Gummistiefel über die Äste stülpen. So lässt sich Ordnung machen!

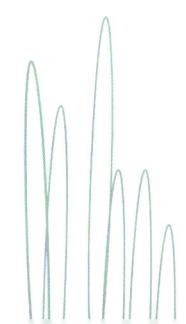

UNFASSBAR GUT

Neues Outfit gesucht! Plastiktonnen sind wenig attraktiv, doch mit Ihrem Wunschmotiv werden sie zum Hingucker in Ihrem Garten. Sollte das Plastikfass seinen Dienst als **Regentonne** quittiert haben, lässt es sich als XXL-Pflanzgefäß weiter nutzen.

Material

FÜR DIE REGENTONNE:
- Plastiktonne
- Acrylfarbe
- Lackrolle/Universalpinsel
- Maßband
- Vorlage Wunschmotiv
- d-c-fix-Folie®
- Fixogum®
- Schneidematte
- Cutter
- Zeitungspapier
- Malerkreppband
- Acryllackspray

ZUM BEPFLANZEN:
- Plastikschüssel
- Bohrmaschine
- einige Holzlatten oder stabile Zweige
- Erde
- Pflanzen

SO WIRD'S GEMACHT:

1. Die Plastiktonne innen und außen saubermachen. Die trockene Tonne mit Acrylfarbe streichen und trocknen lassen. Den Anstrich wiederholen. Für die Motivgröße die Plastiktonne ausmessen.

2. Am Computer Ihr Wunschmotiv erstellen und in entsprechender Größe ausdrucken. Eine Schablone anfertigen; dazu das Motiv mit Fixogum® auf d-c-fix-Folie® kleben, dabei sollte die Folie ca. 5 cm größer sein als Ihr Wunschmotiv. Eine Schneidematte unterlegen und mit einem Cutter das Motiv entlang der Kontur exakt ausschneiden.

3. Die Schablone auf der Plastiktonne positionieren. Die Trägerfolie abziehen und die Schablone fixieren. Darauf achten, dass die Folie überall gut festgeklebt ist, sodass später keine Farbe darunterlaufen kann. Die restliche Plastiktonne mit Zeitungspapier abdecken und mit Malerkreppband festkleben. Mit Acryllackspray die Schablone besprühen, dabei den Abstand der Spraydose zur Tonne verändern. Wenn das Motiv trocken ist, das Zeitungspapier abnehmen und die Folie abziehen.

Die Regentonne bepflanzen

1. In die Regentonne und ebenso in die Plastikschüssel am Boden einige Löcher (ø 8 mm) bohren, damit es keine Staunässe gibt und das Gießwasser aus dem Pflanzgefäß ablaufen kann.

2. Die Höhen von Plastikschüssel und Regentonne ausmessen. Ein paar Zweige oder Holzlatten in entsprechender Länge (Tonnenhöhe minus Schüsselhöhe) zusägen. Die Zuschnitte in die Tonne stellen, sodass sie eine Auflage für die Schüssel bilden. Die Plastikschüssel einstellen, mit Erde befüllen und bepflanzen.

Richtig giessen

Topfpflanzen mögen keine Dauernässe. Gießen Sie jedes Mal nur so viel, wie der Ballen auch aufnehmen kann. Steht im Übertopf Wasser, braucht die Pflanze keinen Nachschub mehr. Ist bei der Sommerhitze ein Wurzelballen extrem ausgetrocknet, dann gönnen Sie der Pflanze ein Tauchbad. Dazu stellen Sie die Pflanze in einen mit Wasser gefüllten Eimer; steigen keine Luftblasen mehr auf, ist die Erde vollgesogen. Am besten gießen Sie morgens, an heißen Tagen lohnt es sich zweimal zu gießen, zusätzlich auch abends. Befühlen Sie die Erde jedoch vorher, ob sie noch feucht ist.

KRÄUTERBAR

Mit diesem **Hochbeet** können Sie Ihre Kräuter und Gewürze bequem erreichen, während gefräßige Schnecken den steilen Aufstieg scheuen. Eine Mörtelwanne mit Löchern dient als Beetkasten und Bauholz stellt den Rahmen. Das ist Gärtnern auf hohem Niveau!

Material

- Mörtelwanne, 80 x 50 cm, 30 cm hoch
- Bohrmaschine
- 4 Holzbretter (Beine), 80 x 9,5 cm, 2 cm stark
- 8 Holzbretter (lang), 88 x 9,5 cm, 2 cm stark
- 10 Holzbretter (kurz), 50 x 9,5 cm, 2 cm stark
- 2 Kanthölzer, 2 x 2 x 70 cm
- Bleistift
- Metermaß
- Stichsäge
- Schleifpapier
- weiße Acrylfarbe
- graue Holzlasur
- Universalpinsel
- ca. 70 verzinkte Schrauben, 3,5 x 35 mm
- Rohrschelle mit passenden Schrauben
- Blumentopf

SO WIRD'S GEMACHT:

1. In den Boden der Mörtelwanne einige Löcher (ø 8 mm) bohren, damit das Gießwasser abfließen kann.

2. Die Bretter auf die entsprechenden Maße zusägen und die Kanten mit Schleifpapier glätten. Alle vier Holzlatten (Beine) mit weißer Acrylfarbe und die restlichen Holzbretter mit grauer Holzlasur streichen und trocknen lassen. Den Anstrich wiederholen.

3. Für die schmalen Seitenteile jeweils vier kurze Holzbretter untereinanderlegen. Auf einen gleichmäßigen Abstand zwischen den Holzbrettern achten, eventuell gleich starke Holzstückchen (20 mm) dazwischenklemmen und diese für die gesamte Montage verwenden. So bekommt man ringsum eine gleichmäßige Fuge. Jeweils zwei weiße Holzbretter seitlich bündig darauflegen, mit dem obersten Querbrett abschließen lassen und mit zwei diagonal versetzten Schrauben miteinander verbinden. Am besten die Löcher vorbohren.

4. Den Einlegeboden für die Mörtelwanne vorbereiten. Dazu auf zwei kurzen Holzbrettern jeweils ein Kantholz 2 cm von der Unterkante entfernt parallel zu dieser auflegen und festschrauben.

5. Nun die Längslatten an die Seitenteile schrauben. Dazu jedes Brett bündig mit der Querverlattung abschließen lassen. An jeder Brettseite zwei Bohrlöcher markieren und vorbohren. Das Brett an den Seitenteilen festschrauben. So alle Bretter verbinden und jeweils als unterstes Brett das Brett mit dem Kantholz festschrauben. Das Hochbeet aufstellen, die zwei Bretter quer auf die Kanthölzer legen und in gleichmäßigem Abstand festschrauben.

6. An einem Seitenteil die Rohrschelle anschrauben und einen passenden Blumentopf einstellen. Dort lassen sich Pflanzschilder griffbereit aufbewahren. Zum Schluss die Mörtelwanne in den Beetkasten einstellen. Noch etwas Erde einfüllen und dann kann's losgehen.

AB INS KRÄUTERBEET

Sind die Bauarbeiten abgeschlossen, beginnen Sie mit der Bepflanzung Ihres Kräuterhochbeets. Wahlweise können Sie auf Topfpflanzen aus der Gärtnerei oder dem Fachmarkt zurückgreifen oder aber die Kräuter durch Ableger und Samen selbst ziehen.

Gepflanzt und ausgesät wird im Frühjahr. Zuvor sollten Sie die Erde lockern und in das gesamte Kräuterbeet etwas Humus oder Steinmehl einarbeiten.

Mediterrane Kräuter benötigen einen warmen, vollsonnigen Standort und einen trockenen Boden. Der Pflanzort ist schon allein deswegen wichtig, damit sich die ätherischen Öle und Wirkstoffe durch das Sonnenlicht in den Blättern der Gewächse bilden können. Wenn Sie diese Kräuter anbauen möchten, sollten Sie an der Pflanzstelle mit Steinen arbeiten. Denn diese sind in der Lage, Wärme zu speichern

TIPP

Zur Herstellung von Kräutersalz vermengen Sie grobes Meersalz mit zerkleinerten Kräutern wie Thymian, Rosmarin und Oregano. Würzen Sie es mit einer Chilischote. Damit die Kräuter ihr volles Aroma abgeben können, lassen Sie das Kräutersalz mindestens 2 Wochen ziehen.

und wie eine Art Heizung direkt an die Kräuter weiterzugeben. Zu den bekanntesten und beliebtesten mediterranen Nutzpflanzen zählen beispielsweise:
Lavendel, Rosmarin, Oregano, Salbei, Basilikum und Dill. Mit einer Schicht aus Humus oder Rasenschnitt können Sie mediterrane Pflanzen in der kalten Jahreszeit vor Frost schützen.

Andere Kräuter kommen problemlos mit halbschattigen Standorten zurecht. Das Substrat muss hier humusreich sein. Zu diesen Gewächsen gehören unter anderem:
Schnittlauch, Petersilie, Kerbel, Minze und Zitronenmelisse. Planen Sie für schnellwüchsige Pflanzen wie Zitronenmelisse und Minze etwas mehr Platz ein. Probieren Sie unbedingt Ananas-, Orangen-, Mojito- und natürlich Erdbeerminze.

MINZE-LIMETTEN-PESTO

Das brauchen Sie:
10 Stängel Minze, 1 Limette, 150 g Parmesan, 75 g Pinienkerne, 75 ml Olivenöl, Salz und Pfeffer

Rösten Sie die Pinienkerne in einer beschichteten Pfanne ohne Zugabe von Fett. Behalten Sie die Kerne unbedingt während des Röstens im Auge, damit sie nicht verbrennen. Schütten Sie die Pinienkerne nach dem Rösten auf einen Teller. Zupfen Sie die Minzblätter von den Stielen. Spülen Sie die Blättchen mit reichlich kaltem Wasser ab und tupfen Sie sie trocken. Geben Sie die Pinienkerne, die Minzblätter, den Käse und das Olivenöl in einen Multi-Zerkleinerer. Wenn Sie alles zu einem schönen Pesto vermengt haben, schmecken Sie mit frischem Limettensaft, Salz und Pfeffer ab.

Das Pesto nicht erhitzen, sondern nur auf die heiße Pasta geben!

SOZIALER WOHNUNGSBAU

Auch Insekten brauchen einen geeigneten Unterschlupf, um ihren Nachwuchs sicher durch den Frühling zu bringen. Nützliche und teilweise bedrohte Insektenarten wie verschiedene Schmetterlinge, Marienkäfer und Solitärbienen werden sich bestimmt sehr über dieses **Insektenhotel** freuen.

Material

alle Holzteile sind aus 6 mm starkem Spanholz:
- 1 Rückteil, 25 x 25 cm
- 2 Seitenteile, 25 x 4,6 cm
- 2 Seitenteile, 23,8 x 4,6 cm
- 2 Zwischenwände, 23,8 x 4,6 cm
- 2 Dachleisten, ca. 30 x 7 cm (Seitenteile einer Obstkiste)
- Bleistift
- Metermaß
- Stichsäge
- Schleifpapier
- Bohrmaschine
- Holzleim
- Nistmaterial: Zapfen, Bambus, Äste, Strohhalme etc.
- Haken

SO WIRD'S GEMACHT:

1. Alle Holzteile auf die entsprechende Größe zusägen und an den Abschnittskanten mit Schleifpapier glätten. Für die Aufhängung in die Rückwand 5 cm zu einer Ecke entfernt ein Loch (ø 8 mm) bohren. Die Rückwand so hinlegen, dass die Bohrung oben ist.

2. Alle Seitenteile im 90°-Winkel verbinden. Dazu die Seitenteile auf die Rückwand stellen, festleimen und trocknen lassen.

3. Für den Schlitz in jeder Zwischenwand den Mittelpunkt mit einem Bleistift markieren. Links und rechts davon 3 mm nach außen messen und anzeichnen. Die Punkte jeweils im 90°-Winkel mit der Außenkante verbinden und an der Markierung entlang aussägen (siehe Foto 3, S. 102).

4. Die Zwischenwände zu einem Kreuz zusammenstecken und mit der Rückwand verleimen. Die Dachflächen seitlich über die beiden Seitenteile legen und ebenso festleimen. Bis der Holzleim getrocknet ist, mit einer Klammer an den Seitenwänden fixieren.

5. Das Hotel steht soweit. Jetzt müssen die einzelnen Zimmer noch eingerichtet werden. Als Nistmaterial eignen sich Bambus, verschiedene Zapfen, Strohhalme, Baumscheiben, Rindenstücke und dicke Äste. In die Holzscheiben bzw. Äste Löcher (ø 4 bis 8 mm) bohren. Die Löcher dürfen das Holz aber nicht komplett durchdringen. Wenn das Insektenhotel fertig eingerichtet ist, mit einem stabilen Haken am Bohrloch aufhängen.

TIPP

Das Insektenhotel hängen Sie am besten mindestens 60 cm vom Boden entfernt an einem sonnigen, vor Wind und Regen geschützten Platz auf. Lassen Sie das Hotel auch im Winter an seinem Standort.

DIE HOTELGÄSTE

Verschiedene **Ameisen- und Käferarten** bevorzugen locker gesteckte Holzspäne als Nisthilfe. Sie lieben das Hotelleben auch im Winter. **Florfliegen** fressen verschiedenste Läusearten und residieren ganzjährig. Insektenhotel-Gäste wie **Marienkäfer** ernähren sich ebenfalls von Blattläusen und nutzen ihr Zimmer vor allem nachts und in der Winterzeit.

Die unterschiedlichen Löcher (ø 4 bis 7 mm) bieten optimale Brutplätze für verschiedenste **Bienen- und Wespenarten**. In den Röhren werden die Insekteneier abgelegt und anschließend vom Muttertier mit einem Sekret verschlossen. Im Frühjahr schlüpfen die Larven und fressen sich durch die verschlossenen Türen geradewegs ins Leben!

NEUE HEIMAT

Den gefiederten kleinen Freunden ein **Vogelhaus** bauen.
Am besten verwenden Sie dazu zertifiziertes,
sägeraues Holz und Farben, die selbst den hohen Sicherheits-
anforderungen von Kinderspielzeug gerecht werden.
So wird daraus ein Ökohaus!

Material

- Papier
- Bleistift
- Lineal
- Schere
- sägeraue Massivholzbretter, 20 mm stark:
  Vorderteil, 29 x 16 cm
  Rückteil, 29 x 16 cm
  2 x Seitenteil, 21 x 14 cm
  Dach links, 21 x 14 cm
  Dach rechts, 21 x 16 cm
  Boden, 20 x 20 cm
  Tür, 11,7 x 8,7 cm
- Stichsäge
- Schleifpapier
- Bohrmaschine
- Forstnerbohrer
- ca. 14 Senkkopfschrauben, 3,5 x 40 mm
- 2 verzinkte Scharniere, 30 mm lang mit Schrauben
- speichelechte Farben in Weiß und Grau
- Universalpinsel
- Malerkreppband
- Wiener Vorreiber
- Buntstift
- Vierkantholz, 130 x 3,8 x 6,8 cm
- 2 Metallwinkel mit passenden Schrauben

SO WIRD'S GEMACHT:

1. Die Maßangaben der Holzteile und die Bohrlöcher auf Papier übertragen und ausschneiden (siehe Vorlage S. 106). Die Papierschablonen platzsparend auf dem Holz verteilen. Die Maserung sollte senkrecht verlaufen. Die Schablonen an der Kontur umzeichnen, auf das Holz übertragen und mit einer Stichsäge aussägen.

2. Die Bohrlöcher mit Bleistift auf den Holzteilen anzeichnen. Alle Schnitt- und Außenkanten mit Schleifpapier glätten. Anschließend in die Bodenplatte fünf Belüftungslöcher (ø 5 mm) bohren. Mit dem Forstnerbohrer das Einflugloch (ø 27 mm) in das Vorderteil im oberen Drittel bohren.

3. Vorder- und Rückteil aufeinanderlegen und durch beide Teile die Löcher (ø 3 mm) vorbohren. Das Vorderteil mit den Seitenteilen verbinden. Auf der linken Seite zwei Schrauben je 4 cm von Ober- und Unterkante entfernt mit einem Abstand von 10 mm zur Brettkante eindrehen. Die rechte Vorderteilseite genauso arbeiten. Den Nistkasten umdrehen und das Rückteil durch vier Schrauben mit den beiden Seitenteilen verbinden.

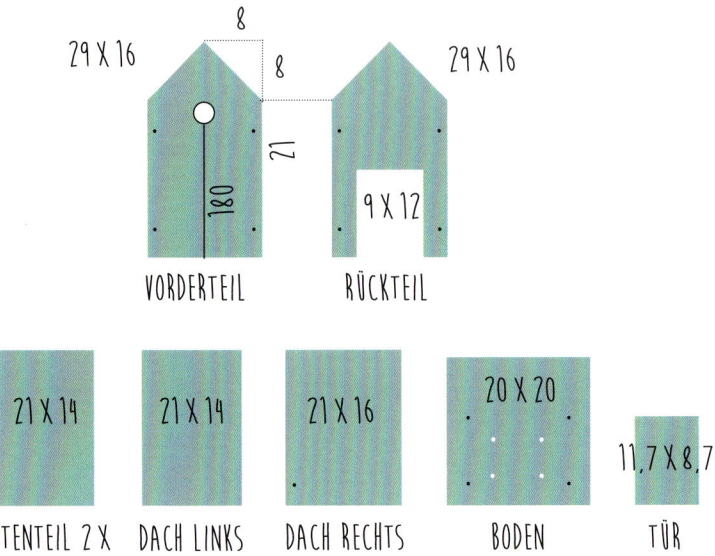

4. An der linken Längsseite der Tür zwei Scharniere befestigen. Die Tür bündig in das Rückteil legen und nun die andere Hälfte der Scharniere am Rückteil festschrauben. Den Boden bündig mit der Rückseite abschließen lassen.

5. Die Bodenplatte mit den Seitenteilen durch vier Schrauben verbinden. Jede Dachhälfte von oben einmal mit dem Vorder- und dem Rückteil verschrauben.

6. Nur die Außenflächen des Nistkastens streichen, die Innenseiten bleiben unbehandelt. Auf Vorder- und Rückteil jeweils links und rechts einen 2 cm breiten Streifen zeichnen. Die Streifen, die vier Abschnittskanten und das Einflugloch in Weiß streichen, ebenso das Dach und die Bodenplatte. Wenn die Farbe getrocknet ist, die weißen Streifen mit Kreppband abkleben, die restlichen Flächen grau streichen und trocknen lassen.

7. Den Wiener Vorreiber in das Rückteil schrauben und die Tür sichern. In das Vorderteil ca. 5 cm unterhalb des Einflugslochs ein Loch für den Buntstift bohren. Den Buntstift einstecken und bündig an der Innenseite abschließen lassen.

8. Zur Befestigung das Vogelhaus mittig auf einen Pfosten (130 x 3,8 x 6,8 cm) stellen und mit zwei Metallwinkeln festschrauben.

TIPP

Den Nistkasten sollten Sie an einer vor Wind und Regen geschützten Stelle aufhängen. Das Einflugloch sollte von der Wetterseite abgewandt sein. Ideal ist die Ausrichtung nach Osten oder Südosten.

FEIER-ABEND

In einer lauen Sommernacht mit Freunden am Feuer sitzen und gekühlte Getränke genießen – das ist kaum zu toppen!

COOL VERHÜLLT

Unter diesen **Hussen** versteckt sich eine alte Biertischgarnitur. Für die Bankhussen ist die Innenseite etwas kürzer, so kann man bequem sitzen. Eine Stoffbreite von 140 cm ist für zwei Bierbänke ausreichend. Ein charmantes Detail ist die Paspel an der Sitzfläche.

Material

Die Stoffangaben beziehen sich auf einen Biertisch, 220 x 50 cm, und eine Bierbank, 220 x 25 cm.

- verschiedene Baumwollstoffe:
Karostoff, 230 x 140 cm (Tisch)
Streifenstoff, 340 x 140 cm
(Bank und 2 Tischquerseiten)
- Maßband
- Bügeleisen
- Schneiderkreide/Bleistift
- Stoffschere
- Nähgarn Allesnäher
- Stecknadeln
- passende Paspel, ca. 5 m lang

SO WIRD'S GEMACHT:

1. Tisch und Bank ausmessen und die Maße entsprechend anpassen. Dazu an allen Seiten jeweils 1 cm Nahtzugabe hinzurechnen und für den Saum 2 cm einplanen. Die Stoffe vor dem Zuschnitt waschen und bügeln.

2. Für die Tischhusse ein Rechteck (Karostoff) mit den Maßen 222 x 128 cm sowie zwei Rechtecke (Streifenstoff) in der Größe 52 x 38 cm zuschneiden. Alle Stoffstücke rundherum mit Zickzackstichen einfassen.

3. Den großen Karostoff ausbreiten, sodass die rechte Stoffseite oben liegt. An beiden Querseiten jeweils ein Rechteck (Streifenstoff) mittig auflegen (die 52 cm lange Kante liegt parallel zur Kante des Karostoffs) und bündig an der Stoffkante abschließen lassen. Bitte darauf achten, dass die Stoffe rechts auf rechts liegen. Anschließend beide Rechtecke mit Stecknadeln fixieren und 1 cm breit an der Stoffkante des Karostoffs feststeppen. Danach die Tischhusse schließen, dazu die Seitenteile rechts auf rechts an die kurzen Kanten des Hauptteils legen, feststecken und entsprechend der Nahtzugabe (1 cm) zusammennähen.

4.

6.

4. Für den Saum die Kanten 1 cm breit nach innen schlagen und bügeln. Noch einmal 1 cm umschlagen, feststecken und anschließend den Saum absteppen.

5. Für eine Bankhusse den Stoff für die Sitzfläche (222 x 27 cm), zwei Seitenteile (27 x 27 cm), Bankaußenseite (222 x 27 cm) und Bankinnenseite (222 x 16 cm) zuschneiden. Alle Stoffkanten mit Zickzackstichen versäubern.

6. Die Bankhusse hat an der Sitzfläche eine Paspel. Den Stoff für die Sitzfläche ausbreiten, sodass die rechte Seite oben liegt. Das Paspelband an der offenen Kante ringsum bündig feststecken und mit einem Reißverschlussfuß annähen. Das Paspelband an den Ecken bis kurz vor die Naht einschneiden. Dann alle Seitenteile rechts auf rechts entlang der Paspel feststecken. Das Stoffteil mit der festgenähten Paspel an der Maschine nach oben legen, sodass die Fixiernaht der Paspel sichtbar ist. Die Stofflagen zusammennähen, dazu den Reißverschlussfuß der Nähmaschine verwenden.

7. Den Saum der Bankinnenseite wie bei Step 4 beschrieben arbeiten. Alle Stoffteile zusammennähen. Die zwei offenen Längskanten 1 cm nach innen falten und 8 mm zur Kante absteppen. Alle noch offenen Kanten versäumen.

TIPP

Besteck-Tischkarten: Dazu brauchen Sie nur Butterbrottüten, Stempel, Stempelkissen und Blumen. Die Namen der Gäste auf die Tüten stempeln, Besteck einlegen und mit Blütenblättern schmücken.

112 ♥ FEIER-ABEND

TAFELFREUDEN

Sägeraue Baudielen und Kanthölzer brauchen Sie für diesen schmalen **Holztisch**. Das Bauholz muss geschliffen und mit einer Holzlasur wetterfest gemacht werden. Der Tisch lässt sich bequem umstellen und als Sideboard für Getränke oder als Abstellhilfe beim Grillen einsetzen.

Material

- Metermaß
- Bleistift
- Stichsäge/Handsäge
- 3 sägeraue Baudielen, 140 x 20 cm, 4 cm stark
- 4 Kanthölzer für die Beine, 8 x 8 x 70 cm,
- 4 Kanthölzer als kurze Verbindungsstücke, 8 x 8 x 40 cm
- 4 Kanthölzer als lange Verbindungsstücke, 8 x 8 x 120 cm,
- Schleifpapier/Schleifmaschine
- 41 Schrauben, 5,0 x 80 mm
- 2 Lenkrollen mit passenden Schrauben
- 6 Lochplatten, 10 cm lang
- 72 Schrauben 4,0 x 35 mm
- weiße Holzlasur
- Universalpinsel

SO WIRD'S GEMACHT:

1. Alle Holzteile auf die entsprechende Größe zusägen oder im Baumarkt fertig zusägen lassen. Anschließend alle Holzteile mit grobem Schleifpapier (80er-Körnung) und am besten mit einer Schleifmaschine glätten.

2. Für die Seitenteile jeweils zwei Beine mit zwei kurzen Verbindungsstücken oben bündig und unten auf das Maß (Rollenhöhe plus 2 cm) zusammensetzen. Die Bohrlöcher markieren; dazu jeweils zwei Löcher diagonal oben und unten anzeichnen und vorbohren. Die Verbindungsteile mit den Beinen verschrauben (siehe Foto auf S. 116).

3. Nun an einem Seitenteil die Beine um die Höhe der Räder kürzen. Anschließend die Räder mit den dazu passenden Schrauben an den Tischbeinen fixieren. Zwischen die Seitenteile zwei lange Verbindungsstücke dazwischensetzen, sodass beide bündig mit den Beinoberkanten abschließen. Die langen Verbindungsstücke mit den Beinen verschrauben. Dann jeweils ein Verbindungsstück unten und oben mittig zwischen die Seitenteile einsetzen und dort ebenfalls miteinander verschrauben.

4. Nun die Tischplatte zusammenfügen. Die Dielen eng zusammenschieben, die Lochplatten in gleichmäßigen Abständen auf die Baudielen legen und immer zwei Bretter miteinander verschrauben.

5. Die Tischplatte auf das Gestell legen und mit mehreren Schrauben von unten fixieren. Den Tisch mehrfach mit weißer Holzlasur einpinseln und trocknen lassen.

TIPP

Auch wenn Sie das Holz mit einer Lasur für den Outdoor-Bereich wetterfest machen, überwintern Ihre Gartenmöbel lieber drinnen. Kein Platz? Dann schützen Sie die Möbel wenigstens mit einer Plane.

ALTERNATIVE: BANK BAUEN

Der Tisch in klein ist die Bank. Die Maße entsprechend abändern. Die Bank wird genauso gebaut, jedoch müssen die Beine auf einer Seite nicht gekürzt werden, da sie keine Rollen haben.

SAMMELSTELLE

Bestimmt haben Sie noch etwas Restholz übrig, besonders dann, wenn Sie schon einige Holzprojekte aus diesem Buch gebaut haben. Auch im Baumarkt können Sie nach Holzabschnitten fragen. Für diesen coolen **Hocker** lohnt sich das Sammeln! Mit Filzgleitern ausgestattet, zieht er von der Terrasse direkt in die Küche um.

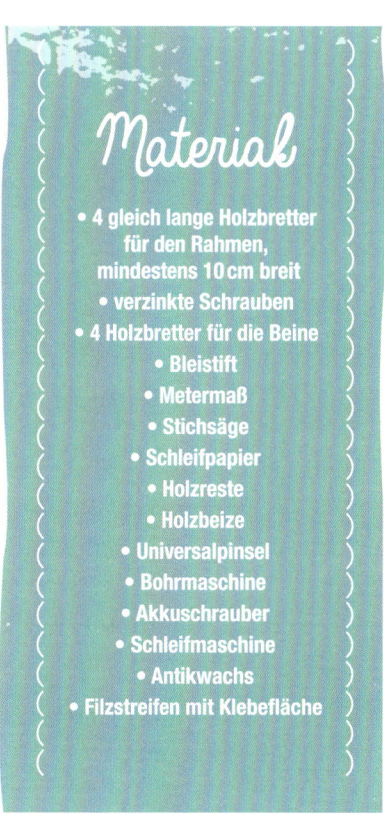

Material

- 4 gleich lange Holzbretter für den Rahmen, mindestens 10 cm breit
- verzinkte Schrauben
- 4 Holzbretter für die Beine
- Bleistift
- Metermaß
- Stichsäge
- Schleifpapier
- Holzreste
- Holzbeize
- Universalpinsel
- Bohrmaschine
- Akkuschrauber
- Schleifmaschine
- Antikwachs
- Filzstreifen mit Klebefläche

So wird's gemacht:

1. Einen Rahmen aus Holzbrettern bauen; dazu vier gleich lange Holzbretter (mindestens 10 cm breit) miteinander verschrauben.

2. Für die Beine vier Bretter auf eine Länge von ca. 60 cm absägen und die Schnittkanten mit Schleifpapier glätten. Alle anderen Restholzstücke ebenfalls anschleifen. Die Hockerbeine mit Holzbeize streichen und trocknen lassen.

3. Den Rahmen auf einen geraden Untergrund stellen. In den Holzrahmen die vier Holzbeine jeweils in die Ecken stellen. Weitere Holzbretter in unterschiedlichen Höhen dazustellen. Ebenso Kantholzabschnitte in den Rahmen schichten, bis sich eine kompakte Form ergibt. Alle Hölzer sollten exakt auf dem Untergrund aufliegen. Es braucht etwas Zeit, die richtige Kombination der Holzgrößen zu finden. Der Rahmen sollte möglichst vollständig ausgefüllt sein. Der Stuhl erhält somit seine Form, mit vier Beinen an der Außenseite und unterschiedlich langen Holzstücken für die Sitzfläche.

3.

4.

4. Jetzt die Form fixieren, dazu die einzelnen Hölzer miteinander verbinden. In einer Ecke beginnen. Drei zusammenstehende Holzstücke aus dem Rahmen nehmen und im rechten Winkel miteinander verschrauben. Dann weitere Holzstücke herausnehmen und mit dem vorherigen Holztrio zusammenschrauben. Die Holzteile nur mit einer Schraube fixieren, damit alle Elemente noch beweglich sind. Immer wieder kontrollieren, dass die Holzbretter auch bündig zum Untergrund stehen, und eventuell korrigieren.

5. Wenn alle Holzteile verschraubt sind, den Hocker umdrehen und die Hockerbeine jeweils an den Stirnseiten mit einer weiteren Schraube fixieren.

6. Am Hocker die oberen Kanten leicht anrunden und die Sitzfläche mit einer Schleifmaschine glattschleifen. Zur Mitte hin etwas mehr abtragen, sodass sich eine leichte Mulde ergibt. Das braucht ein wenig Zeit und Geduld. Die Sitzfläche mit Möbelwachs einlassen. Um den Terrassenboden zu schützen, noch an der Unterseite der Hockerbeine passende Filzstreifen mit Klebefläche fixieren.

> **TIPP**
>
> Um die einzelnen Holzstücke des Hockers möglichst im rechten Winkel miteinander zu verbinden, sollten Sie auf einem geraden Untergrund (Arbeitsplatte) und am besten mit einem Winkeleisen arbeiten.

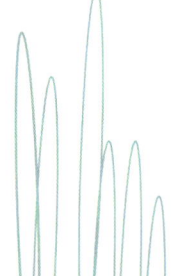

GUT GEKÜHLT

Hingucker auf Ihrem Sommerfest sind diese **Getränkekühler** ganz bestimmt. Die individuelle Prägung macht sie so besonders. Auch als Übertopf für Kräuter oder als Windlicht feiern sie mit. Am besten machen Sie gleich einige auf Vorrat, denn einer geht heute bestimmt noch außer Haus!

Material

- Vorlagen Wunschmotive
- Moosgummiplatte, 3 mm stark
- Bleistift
- Schneideunterlage
- Cutter
- PET-Flaschen, 3 l/1,5 l
- Sekundenkleber
- Speiseöl
- Universalpinsel
- Arbeitshandschuhe
- Schutzbrille
- Plastikfolie/Müllsack
- Plastikwanne
- Zement
- Sand
- Wasser
- Maurerkelle
- flache Steine
- weiße Acrylfarbe

SO WIRD'S GEMACHT:

1. Die Motive am Computer in der gewünschten Größe erstellen und ausdrucken. Die Vorlagen auf die Moosgummiplatte übertragen und exakt mit einem Cutter ausschneiden.

2. Für einen Weinkühler werden eine große und eine etwas kleinere Plastikflasche gebraucht. In die große Flasche sollte die kleine mit ungefähr 1 cm Abstand hineinpassen und in die kleine Flasche wiederum sollte eine Weinflasche passen. Die Formen zuerst gut reinigen und abtrocknen. Die große Flasche auf die gewünschte Höhe vorsichtig mit einem Cutter kürzen. Die Moosgummivorlage auf die Innenseite der großen Form legen und mit Sekundenkleber an der Motivvorderseite festkleben. Die große Flasche ringsum an der Innenseite mit Speiseöl bepinseln, ebenso das Moosgummi. Die kleine Plastikflasche mit Wasser füllen, verschließen und an der Außenseite mit Öl einstreichen.

3. Beim Betonieren am besten immer Arbeitshandschuhe und Schutzbrille tragen. Den Arbeitsbereich mit Plastikfolie oder einem Müllsack auslegen. Den Sand in eine große Wanne schütten und etwa halb so viel Zement dazugeben. Beides miteinander vermischen. Dann langsam Wasser hinzufügen und mit einer Maurerkelle weiterrühren, bis eine homogene Masse entstanden ist.

4. Die große Form ungefähr bis zu zwei Dritteln mit Beton füllen. Die Form mehrfach rütteln, damit Luftblasen entweichen können. Dann die volle PET-Fasche in den Beton drücken und wieder etwas rütteln. Eventuell die Flasche mit einem flachen Stein beschweren.

5. Jetzt ist Geduld gefragt. Die ausgegossene Form vier Tage aushärten lassen. Das Wasser aus der Flasche wegschütten. Die Formen vorsichtig mit dem Cutter aufschneiden und entfernen. Das Motiv mit verdünnter weißer Acrylfarbe betupfen und trocknen lassen.

MELONENFASS-KÜHLER

Wie wäre es mit eisgekühltem Saft aus einer Melone? Alles, was Sie dazu brauchen, sind eine große Wassermelone und ein Zapfhahn.

Schneiden Sie die Melone oben (Deckel aufheben) und unten mit einem Messer gerade ab und stellen Sie sie auf eine Kuchenplatte. Für eine Fassoptik schneiden Sie an der Außenseite jeweils oben und unten zwei Rillen mit dem Messer ein. Kratzen Sie das Melonenfleisch und die Kerne heraus. Drücken Sie den Zapfhahn in die Melone, eventuell mit dem Messer die Schale etwas einritzen. Füllen Sie Saft und Eiswürfel ein, legen Sie den Melonendeckel darauf!

HEISSE SACHE

Stahl trifft Holz! Damit der Funke auch gefahrlos überspringen kann, ist diese **Feuerschale** aus Stahl. Durch Wind und Wetter verändert sich die zunächst dunkle Stahloberfläche und entwickelt so ihre individuelle Patina. Lodernde Flammen, etwas Wein und beste Freunde – das ist Lagerfeuerromantik pur!

Material
- 1 Klöpperboden, ø 80 cm, Wandstärke 4 mm (erhältlich im Online-Shop)
- Maßband
- Bleistift
- Bohrmaschine mit Stahlbohrer
- Sand oder Kies
- 11 Granit-Pflastersteine
- Feuerholz

SO WIRD'S GEMACHT:

1. Den Klöpperboden umdrehen und den Mittelpunkt ermitteln; dazu ein Maßband von Kante zu Kante legen und anzeichnen. Noch einmal das Maßband im 90°-Winkel zur Markierung von Kante zu Kante legen. Die Schnittstelle markieren und mit dem Stahlbohrer ein Loch (ø 8 mm) durch den Boden bohren.

2. Den Untergrund für die Feuerschale vorbereiten. Dort, wo ein Lagerfeuer enzündet wurde, bleibt danach eine schwarze Fläche und das Gras ist abgebrannt. Deshalb den Platz mit Sand oder Kies aufschütten. Elf Granit-Pflastersteine zu einem Kreis legen und die Schale daraufstellen.

Gut zu wissen: Der Platz, an dem Sie Ihre Feuerschale aufstellen, sollte möglichst windgeschützt sein und ein wenig von den Nachbarn entfernt. Auch mit dem Einsatz einer Feuerschale lässt sich nicht verhindern, dass sich Rauch entwickelt. Das Lagerfeuer muss immer vollständig ausgeglüht bzw. gelöscht sein. Noch halb glühende Asche oder sogar noch leicht brennende Feuer sollte man nie alleine zurücklassen. Kinder immer beaufsichtigen!

TIPP

Spießen Sie Marshmallow auf einen Stock und halten Sie ihn über die Flamme. So wird ein Marshmallow außen wunderbar knusprig, während der Kern zart auf der Zunge zergeht. Mmhhh lecker!

STOCKBROT MIT PARMESAN

Das brauchen Sie:
250 g Mehl
¼ Tl Salz
1 Tüte Trockenhefe
150 ml lauwarmes Wasser
1 El flüssiger Honig
2 Tl getrockneter Oregano
40 g geriebener Parmesan
3 El Olivenöl

Für das Stockbrot vermischen Sie Mehl und Salz in einer Schüssel. Geben Sie Trockenhefe, Wasser, Honig, getrockneten Oregano, geriebenen Parmesan und 3 El Olivenöl dazu. Verkneten Sie alles zuerst mit den Knethaken des Handrührers zu einem glatten Teig.

Dann kneten Sie den Teig auf einer bemehlten Fläche mit den Händen geschmeidig. Lassen Sie den Teig zugedeckt an einem warmen Ort 45 Minuten gehen. Auf einer bemehlten Fläche kneten Sie den Teig nochmals gut durch. Teilen Sie ihn in sechs gleich große Stücke und formen Sie diese zu 20 cm langen Teigsträngen. Umwickeln Sie lange, feste Äste an den Enden mit Alufolie und anschließend wickeln Sie die Teigstränge um die Folie. Halten Sie die Stöcke über das heiße Feuer und rösten Sie das Stockbrot. Dabei den Stock ab und zu drehen.

STERN DES SÜDENS

Terrassenrand und Wiese lassen sich stimmungsvoll
mit diesen **Windlichtern** beleuchten. Dickes Tau
und Kieselsteine geben den großen Gläsern maritimes Flair.
Als Untersetzer dienen bemalte Holzscheiben,
und wenn es mal regnet, fungieren sie als Abdeckung.

Material

- große Gläser (z. B. alte Gurkengläser vom Flohmarkt)
- Stumpenkerzen
- Kieselsteine
- Seil
- Schere
- kleiner Lederrest
- Klebstoff
- Holzbrett
- Bleistift
- Stichsäge
- Schleifpapier
- Acrylfarbe
- Universalpinsel
- Vorlage Wunschmotiv

SO WIRD'S GEMACHT:

1. Die Gläser reinigen und in die Mitte eine Kerze stellen. Mit kleinen Kieselsteinen bis zu einer Höhe von 3 cm vorsichtig befüllen.

2. Jedes Seilende mit Leder umwickeln; dazu ausreichend große Stücke vom Lederrest abschneiden und am Seil mit Klebstoff festkleben. Den oberen Gläserrand mit einem Seil zwei- bis dreimal umwickeln und das Seil fixieren (siehe Foto auf S. 132).

3. Das Glas nun auf ein Holzbrett stellen, wobei das Brett etwas größer sein sollte. Den Glasumfang mit Bleistift übertragen. An der Markierung mit einer Stichsäge den Kreis aussägen und die Schnittkanten mit Schleifpapier glätten. Die Holzscheibe ringsum in der gewünschten Acrylfarbe streichen.

4. Ein Motiv Ihrer Wahl in entsprechender Größe am Computer erstellen und ausdrucken. Die Vorlage auf die Holzscheibe übertragen. Das Motiv mit Acrylfarben aufmalen und vollständig trocknen lassen.

2.

3.

Den Holzdeckel unter das Glas stellen und bei Regen den Holzkreis auf das Glas legen, um Kerze und Steine vor Überflutung zu schützen. Wenn der Deckel aufliegt, darf die Kerze natürlich nicht brennen!

BEET-WINDLICHT-STECKER

Sie brauchen: Blechdosen, Limonadengläser (die Dosen sollten etwas größer als die Gläser sein), Acrylspray, Äste, Schrauben und Teelichter

Reinigen Sie die Dosen und glätten Sie scharfe Kanten. In jede Dose mittig ein Loch bohren. Sprühen Sie die Dosen ringsum mit Acryllack an.

Gut trocknen lassen. Sägen Sie verschieden lange Aststücke ab (mindestens jedoch 50 cm lang). In jede Astmitte ein Loch vorbohren. Eine Dose mit einem Ast verschrauben. Das passende Glas in die Dose stellen und den Windlichthalter ins Beet stecken. Mit ein paar Wachstropfen ein Teelicht am Glasboden fixieren.

132 FEIER-ABEND

GARTEN-FLIMMERN

Diese **Outdoor-Lampe** weist den Weg zum Open-Air-Kino in einer schlichten Plastikkiste, jedoch mit sichtbaren inneren Werten! Dafür sorgen eine bedruckte Folie und eine Energiesparlampe. Die Folie können Sie dem Anlass entsprechend gestalten. Jetzt noch Popcorn in die Schüsseln füllen und Film ab!

Material
- Plastikkiste mit Deckel
- hitzebeständige Laserdruckfolie mit Wunschmotiv
- Fixogum®
- Bohrmaschine
- Lampenkabel mit Stecker
- Lampenfassung E14 WS
- Klammer (Künstlerbedarf)
- Energiesparlampe 11 Watt

SO WIRD'S GEMACHT:

1. Die Kiste und den dazu passenden Deckel saubermachen und eventuelle Papierbanderolen entfernen.

2. Das gewünschte Motiv am Computer erstellen und auf eine hitzebeständige Folie kopieren oder im Copy-Shop ausdrucken lassen. Alternativ: Scherenschnittmotive herstellen.

3. Den Deckel von der Kiste abnehmen. Die hitzebeständige Folie im Innenraum an der gewünschten Stelle platzieren und ringsum an den Rändern mit etwas Fixogum® festkleben. In die Deckelmitte ein Loch (ø Lampenkabel) bohren. Weitere Löcher wegen der entstehenden Wärme seitlich in die Kiste bohren.

4. Das Lampenkabel durch das Bohrloch stecken. An der Innenseite des Deckels die Lampenfassung an das Kabel montieren. An der Deckelaußenseite das Kabel mit einer Klammer festklippen, sodass Kabel und Lampe am Deckel fixiert sind.

5. Eine Energiesparlampe (max.15 Watt, wegen der entstehenden Wärme) in die Fassung eindrehen. Den Deckel auf die Kiste legen. Den Stecker noch in die Steckdose einstöpseln. Spot an!

Gut zu wissen: Beim Wechsel des Leuchtmittels kann es vorkommen, dass dieses verkantet. Um zu verhindern, dass man beim Wechseln der Glühlampe die Fassung unbeabsichtigt aufdreht (und eventuell einen elektrischen Schlag abbekommt), besitzen Fassungen eine sogenannte Aufdrehsperre. Diese rastet ein, sobald das obere Fassungsteil auf das Unterteil geschraubt wird.

TIPP

Kino-Feeling im Garten! Ein weißes Bettlaken mit Wäscheklammern einfach an einer Wäscheleine befestigen. Es dient neben der Filmleinwand gleichzeitig auch als Sichtschutz oder Sonnensegel.

SÜSSES POPCORN

Das brauchen Sie:
etwas Butter
Zucker
Popcornmais

Lassen Sie Butter und Zucker in einem Topf karamellisieren. Anschließend schütten Sie den Mais dazu; jedoch nur so viel, dass der Topfboden bedeckt ist, denn bereits beim Aufpoppen nimmt der Mais enorm an Volumen zu. Dann schließen Sie den Deckel und schütteln den Kochtopf etwas. Den Herd sollten Sie auf einer niedrigen Stufe heizen, damit das Popcorn nicht anbrennt. Sobald der Mais im Fett heiß wird, beginnen die Körner aufzupoppen und dabei an den Deckel zu klopfen. Öffnen Sie auf gar keinen Fall den Deckel! Schütteln Sie den Topf immer mal wieder, damit alle Körner mit dem Karamell überzogen werden. Nachdem der gesamte Popcornmais aufgepoppt ist, was sehr gut am Abnehmen der Ploppgeräusche erkannt werden kann, füllen Sie das Popcorn in eine Schüssel.

LAMPIONFEST

Die Lampions für diese **Lichterkette** sind schnell gebaut,
einzig das Sammeln der großen Joghurtbecher dauert länger.
Mit Stoffresten, Servietten und Bändern werden die Becher gepimpt
und hängen dann an einer Outdoor-Lichterkette. Sogar
nach einem Sommerregen bleiben diese Lampions in Form!

Material

- große, unbedruckte Joghurtbecher mit Banderole
- Bleistift
- Stoffreste
- Schere
- Décopatch®-Kleber
- kleiner Pinsel
- Servietten
- bunte Stoffbänder
- Cutter
- LED-Lichterkette für den Outdoor-Bereich

SO WIRD'S GEMACHT:

1. Von den Joghurtbechern die Papierbanderole abmachen und aufheben. Die Becher auswaschen und abtrocknen.

2. Für die Stofflampions die Papierbanderole gleich als Schablone verwenden und auf die Stoffreste auflegen. Die Kontur mit Bleistift umzeichnen und ausschneiden. Einen Joghurtbecher überall mit Décopatch®-Kleber einpinseln. Die Stoffbanderole auflegen und glattstreichen. Dann die Stoffoberfläche ringsum gleichmäßig mit Kleber einstreichen. Eventuell entstandene Blasen ausstreichen. Den Lampion mit der Öffnung nach unten trocknen lassen.

3. Für die Papierlampions Servietten mit Druckmotiven verwenden. An jeder Serviette die oberste bedruckte Schicht ablösen. Die Motive auswählen und in der gewünschten Größe ausschneiden. Einen Joghurtbecher wie oben beschrieben einstreichen. Die Motive darauf plazieren und mit dem Kleber bestreichen. Am besten von der Serviettenmitte nach außen arbeiten, damit keine Falten entstehen.

4. Von den Stoffbändern 15 cm lange Stücke abschneiden. Mit einer spitzen Schere in den Becher im unteren Drittel einige Löcher piken. Durch die Löcher je ein Stoffband durchstecken und an der Innenseite verknoten. Alle Bänder zusammenfassen und im oberen Drittel mit einem weiteren Band mehrfach gut umwickeln und fest zusammenknoten.

5. Den Boden des Bechers in der Mitte vorsichtig kreuzweise mit einem Cutter einschneiden. Die Lampions an die Lichterkette hängen, dazu jeweils ein Lämpchen aus der Lichterkette durch den Schlitz stecken. Die Kette an einem Ast aufhängen oder an den Sprossen einer Leiter befestigen.

TIPP

Wenn Sie die Lichterkette draußen benutzen möchten, sollten Sie unbedingt auf ihre Outdoor-Tauglichkeit achten. Geeignet sind Lichterketten mit der ausgewiesenen Schutzart IP44. Diese Lichterketten sind gegen Spritzwasser geschützt. Für den längerfristigen Gebrauch im Garten wählen Sie bitte eine höhere Schutzart.

LEUCHT-LUFTBALLONS

Für diese Leucht-Luftballons brauchen Sie: 1 Flasche Helium, einige Luftballons und genauso viele Knicklichter. (Die Knicklichter kennen Sie vielleicht vom Angeln.)

Füllen Sie die Luftballons mit Helium, knicken Sie das Knicklicht und geben Sie es hinein. Den Ballon zuknoten und an einer Schnur befestigen. Die Luftballons beispielsweise an einer Stuhllehne festbinden. Achten Sie darauf, dass keine spitzen Gegenstände in der Nähe sind. Die Ballons steigen auf und beleuchten den Nachthimmel.

Aufgrund der chemischen Reaktion innerhalb des Knicklichts beleuchtet es den Ballon einige Stunden lang.

ÜBER DIE AUTORIN

Die Grafik- und Kommunikations-Designerin Eva Schneider arbeitet seit vielen Jahren als Artdirektorin für Redaktionen und Agenturen. Mit großer Leidenschaft entwickelt sie Selbermach-Projekte im DIY-Bereich. Sie ist Autorin zahlreicher Bücher, die sie konzipiert und selbst gestaltet. Sie lebt in Augsburg und liebt den Sommer, ganz besonders in ihrem Garten.

DANKE SCHÖN

möchte ich gern allen sagen, die direkt und indirekt zur Entstehung dieses Buches beigetragen haben. Besonders bedanken möchte ich mich bei Mareike Kress und Annika Christof von der Edition Michael Fischer, die mir vollstes Vertrauen schenkten.

Danke euch, dass wir in euren schönen Gärten fotografieren durften und alles so unkompliziert war: an Irmtraud und Johannes sowie an Irene und Reinhard, die uns mit Motivation und Milchkaffee verwöhnt haben. Es ist immer schön mit und bei euch!
Ein riesengroßes Danke mit roten Gurten an Nadine und Hannes, die mich tatkräftig unterstützt haben, und an Katze Moi. Schön, dass es euch gibt! Liebe Kathi, Spot an und Danke für den Ferientag, den du diesem Gartenbuch geschenkt hast.
Frank, dir möchte ich von Herzen danken für die super Fotos, deine positive Sicht auf die kleinen und großen Dinge, die das Leben erst so richtig schön machen, und deine tolle Unterstützung, ohne die es dieses Buch nicht gäbe…

Natürlich möchte ich auch meinen Sponsoren ganz herzlich für die Bereitstellung von Material danken:
Rico Design, **www.amc-design.de**
Marabu GmbH & Co. KG, **www.marabu.de**

WEITERE TOLLE BÜCHER

Garten-Deko fürs ganze Jahr
ISBN 978-3-86355-289-3
Preis 16,99 €

Mein kreativer Stadtbalkon
ISBN 978-3-86355-288-6
Preis 19,99 €

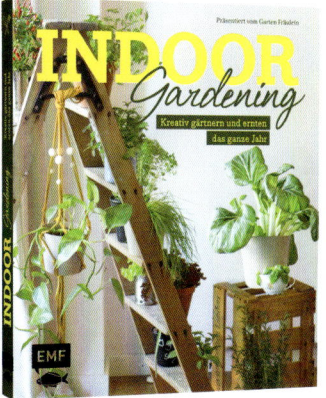

Indoor Gardening
ISBN 978-3-86355-508-5
Preis 14,99 €

Beton-Deko für den Garten
ISBN 978-3-86355-336-4
Preis 9,99 €

Foto-Transfer-Ideen
ISBN 978-3-86355-383-8
Preis 14,99 €

Wohndesign für Selbermacher
ISBN 978-3-86355-292-3
Preis 19,99 €

IMPRESSUM

Bibliografische Information der Deutschen Bibliothek.

Die Deutsche Bibliothek verzeichnet diese Publikation in der deutschen Nationalbibliografie. Detaillierte bibliografische Daten sind im Internet über http://www.d-nb.de/ abrufbar.

Alle in diesem Buch veröffentlichten Abbildungen sind urheberrechtlich geschützt und dürfen nur mit ausdrücklicher schriftlicher Genehmigung des Verlags gewerblich genutzt werden. Eine Vervielfältigung oder Verbreitung der Inhalte des Buchs ist untersagt und wird zivil- und strafrechtlich verfolgt. Das gilt insbesondere für Vervielfältigungen, Übersetzungen, Mikroverfilmungen und die Einspeicherung und Verarbeitung in elektronischen Systemen.

Die im Buch veröffentlichten Aussagen und Ratschläge wurden von Verfasserin und Verlag sorgfältig erarbeitet und geprüft. Eine Garantie für das Gelingen kann jedoch nicht übernommen werden, ebenso ist die Haftung der Verfasserin bzw. des Verlags und seiner Beauftragten für Personen-, Sach- und Vermögensschäden ausgeschlossen.

EIN BUCH DER EDITION MICHAEL FISCHER

1. Auflage 2016

Alle Rechte dieser Ausgabe bei © 2016 Edition Michael Fischer GmbH, Igling

Produktmanagement und Lektorat: Annika Christof
Covergestaltung: Leeloo Molnár
Layout und Satz: Eva Schneider, Augsburg
Fotos: Frank Neumann, Augsburg

ISBN 978-3-86355-460-6

Printed in Slovakia

www.emf-verlag.de